나 금강반야바라밀

찬

청풍 속에 달빛이 쏟아지고
달빛 속에 청풍이 부니
본래로 진여실상으로
언제나 해탈극락누리구나.

하!.

찬

달빛 속에 온갖 꽃 난발하고
청풍 속에 온갖 열매 쏟아지니
그 무엇도 본여청청 실상이요
그 누구도 길이 여여본불 누리구나.

하!.

찬

언제나 나 다 법계로
어디서나 다 나 세계를 열어
어느 때나 우담바라 세상이요
어느 것에나 마니보주 창생이구나.

하!.

나 금강반야바라밀

나!

나 다.
나 절대다.
나 떠나 없다.
나 외에 어떤 것도 없다.
나 밖에 그 무엇도 없다.

나!

생사도 없다.
유무도 없다.
색공도 없다.
시공도 없다.

시종도 없다.
선악도 없다.
옳고 그름도 없다.
알고 모름도 없다.
밝고 어둠도 없다.
구함도 얻음도 없다.
채움도 비움도 없다.
잡고 놓음도 없다.
달림도 멈춤도 없다.
항상함도 쉼도 없다.
안팎도 없다.
좌우도 없다.
전후도 없다.
고하도 없다.
둥글고 뾰족함도 없다.
거칠고 미세함도 없다.
맑고 흐림도 없다.
깨치고 미함도 없다.

중생도 부처도 없다.

나!

유생도 무생도 없다.
유정도 무정도 없다.
유심도 무심도 없다.
유념도 무념도 없다.
유감도 무감도 없다.
유식도 무식도 없다.
유상도 무상도 없다.
유처도 무처도 없다.
유주도 무주도 없다.
유염도 무염도 없다.
유지도 무지도 없다.
유의도 무의도 없다.
유견도 무견도 없다.
유각도 무각도 없다.

유명도 무명도 없다.
유문도 무문도 없다.
유안도 무안도 없다.
유밖도 무밖도 없다.
유결도 무결도 없다.
유증도 무증도 없다.
유인침도 무인침도 없다.
유위도 무위도 없다.
유루도 무루도 없다.
유여도 무여도 없다.
유통도 무통도 없다.
유도도 무도도 없다.
유법도 무법도 없다.
유불도 무불도 없다.

나!

구하고 얻을 것도 없다.

지키고 잃을 것도 없다.
더하고 덜함도 없다.
담고 비움도 없다.
잡고 놓음도 없다.
일도 쉼도 없다.
달리고 멈춤도 없다.
머물고 떠남도 없다.
가고 오고도 없다.
말도 말아님도 없다.
침묵도 침묵 아님도 없다.
깨끗도 더러움도 없다.
티끌도 거품도 없다.
맑고 흐림도 없다.
꿈도 깸도 없다.
적적도 성성도 없다.

나!

자여도 연기도 없다.
중도도 공존도 없다.
진여도 실상도 없다.
삼매도 해탈도 없다.
본여도 열반도 없다.
자연도 현현도 없다.
일상도 평상도 없다.
자작도 자행도 없다.
자융도 자홍도 없다.
자명도 자광도 없다.
자견도 자각도 없다.

나!

법계도 우주도 없다.
세계도 세상도 없다.

천하도 산하대지도 없다.
삼라만상도 두두물물도 없다.
태란습화도 없다.
고집멸도도 없다.

나!

삼세 삼계도 없다.
육도윤회도 없다.
무명업식도 없다.
무지업인도 없다.
무흑업연도 없다.
번뇌망견도 없다.
업인업연도 없다.
업실과보도 없다.
업보업과도 없다.
인연인과도 없다.
연생연멸도 없다.

생노병사도 없다.
생주이멸도 없다.
성주괴공도 없다.
불멸불퇴도 없다.
여여부동도 없다.
현현자연도 없다.

나!

오로지 나이기에
오로지 나뿐이다.
오로지 나뿐이기에
딴 것이 없고 딴 것이 아니기에
내가 다다.
내가 다니
다가 나다.
내가 전체요 낱낱이다.
내가 낱낱이요 전체다.

내가 딴 일이 없고 딴 일이 아니기에
생사 없는 내가 생사를 나투어 같이 쓴다.
유무 없는 내가 유무를 나투어 같이 쓴다.
색공 없는 내가 색공을 나투어 같이 쓴다.
시공 없는 내가 시공을 나투어 같이 쓴다.
시종 없는 내가 시종을 나투어 같이 쓴다.
선악 없는 내가 선악을 나투어 같이 쓴다.
옳고 그름 없는 내가 옳고 그름을 나투어 같이 쓴다.
알고 모름 없는 내가 알고 모름을 나투어 같이 쓴다.
밝고 어둠 없는 내가 밝고 어둠을 나투어 같이 쓴다.
깨치고 미함 없는 내가 깨치고 미함을 나투어 같이 쓴다.
중생도 부처도 없는 내가 중생과 부처를 나투어 같이 쓴다.

나!

유생도 무생도 없는 내가 유생무생을 나
투어 같이 쓴다.
유정도 무정도 없는 내가 유정무정을 나
투어 같이 쓴다.
유심도 무심도 없는 내가 유심무심을 나
투어 같이 쓴다.
유념도 무념도 없는 내가 유념무념을 나
투어 같이 쓴다.
유감도 무감도 없는 내가 유감무감을 나
투어 같이 쓴다.
유식도 무식도 없는 내가 유식무식을 나
투어 같이 쓴다.
유상도 무상도 없는 내가 유상무상을 나
투어 같이 쓴다.
유처도 무처도 없는 내가 유처무처를 나
투어 같이 쓴다.

유주도 무주도 없는 내가 유주무주를 나투어 같이 쓴다.
유염도 무염도 없는 내가 유염무염을 나투어 같이 쓴다.
유통도 무통도 없는 내가 유통무통을 나투어 같이 쓴다.
유도도 무도도 없는 내가 유도무도를 나투어 같이 쓴다.
유법도 무법도 없는 내가 유법무법을 나투어 같이 쓴다.
유성도 무성도 없는 내가 유성무성을 나투어 같이 쓴다.
유불도 무불도 없는 내가 유불무불을 나투어 같이 쓴다.

나!

유아도 무아도 없는 내가 유아무아를 나

투어 같이 쓴다.
상생도 연기도 없는 내가 상생연기를 나
투어 같이 쓴다.
중도도 공존도 없는 내가 중도공존을 나
투어 같이 쓴다.
진여도 실상도 없는 내가 진여실상을 나
투어 같이 쓴다.
삼매도 해탈도 없는 내가 삼매해탈을 나
투어 같이 쓴다.
본여도 열반도 없는 내가 본여열반을 나
투어 같이 쓴다.
법계도 현현도 없는 내가 법계현현을 나
투어 같이 쓴다.
일상도 평상도 없는 내가 일상평상을 나
투어 같이 쓴다.
자작도 자행도 없는 내가 자작자행을 나
투어 같이 쓴다.
자융도 자흥도 없는 내가 자융자흥을 나

투어 같이 쓴다.
자의도 자지도 없는 내가 자의자지를 나
투어 같이 쓴다.
자명도 자광도 없는 내가 자명자광을 나
투어 같이 쓴다.
자정도 자진도 없는 내가 자정자진을 나
투어 같이 쓴다.
자혜도 자복도 없는 내가 자혜자복을 나
투어 같이 쓴다.
자예도 자덕도 없는 내가 자예자덕을 나
투어 같이 쓴다.
자효도 자충도 없는 내가 자효자충을 나
투어 같이 쓴다.
자위도 자루도 없는 내가 자위자루를 나
투어 같이 쓴다.
자주도 자존도 없는 내가 자주자존을 나
투어 같이 쓴다.

나!

법계도 우주도 없는 내가 법계우주를 나투어 같이 쓴다.
세계도 세상도 없는 내가 세계세상을 나투어 같이 쓴다.
천하도 산하대지도 없는 내가 천하 산하대지를 나투어 같이 쓴다.
삼라만상도 두두물물도 없는 내가 삼라만상 두두물물을 나투어 같이 쓴다.
태란습화도 없는 내가 태란습화를 나투어 같이 쓴다.
생노병사도 없는 내가 생노병사를 나투어 같이 쓴다.
육도윤회도 없는 내가 육도윤회를 나투어 같이 쓴다.
업보도 업과도 없는 내가 업보업과를 나투어 같이 쓴다.

무지무명도 없는 내가 무지무명을 나투어 같이 쓴다.
업인도 업연도 없는 내가 업인업연을 나투어 같이 쓴다.
생주이멸도 없는 내가 생주이멸을 나투어 같이 쓴다.
성주괴공도 없는 내가 성주괴공을 나투어 같이 쓴다.
불멸불퇴도 없는 내가 불멸불퇴를 나투어 같이 쓴다.
여여부동도 없는 내가 여여부동을 나투어 같이 쓴다.
울울창창도 없는 내가 울울창창을 나투어 같이 쓴다.
창창울울도 없는 내가 창창울울을 나투어 같이 쓴다.
활활자재도 없는 내가 활할자재를 나투어 같이 쓴다.

자재활활도 없는 내가 자재활활을 나투어 같이 쏜다.

나!

유아독존이요.
독탈무의요.
독아자주요.
수처작주요.
입처개진이요.
대기대용이요.
항사묘용이요.
호쾌대활이요.
호호탕탕이요.
원만구족이요.
원융무애요.
무애자재요.
자유자재요.

무위진인이요.
상주상락이요.
상락아정이요.
상생상정이요.
영생영락이다.

나!

진여실상이요.
삼매해탈이요.
연기법계요.
원융무애요.
열반현현이요.
영생여현이요.
여여삼매요.
처처안락이요.
해탈일상이요.
평상진락이요.

중도공존이요.
현현상생이요.
구족능지요.
무애자재요.
차조동시요.
쌍차쌍조요.
본차본조요.
전차전조요.
자차자조요.
주차주조요.
존차존조요.
원차원조요.
생차생조요.
성차성조요.
견차견조요.
각차각조요.
중차중조요.
인차인조요.

직차직조요.
즉차즉조요.
작차작조요.
행차행조요.
융차융조요.
홍차홍조요.
현차현조요.
여차여조요.
정차정조요.
진차진조요.
의차의조요.
덕차덕조요.
효차효조요.
충차충조요.
예차예조요.
복차복조요.
지차지조요.
혜차혜조요.

명차명조요.
광차광조요.
휘차휘조요.
중차중조요.
영차영조다.

나!

자통자취요.
주통주취요.
존통존취요.
본통본취요.
원통원취요.
성통성취요.
견통견취요.
각통각취요.
증통증취요.
인통인취요.

직통직취요.
즉통즉취요.
작통작취요.
행통행취요.
융통융취요.
홍통홍취요.
현통현취요.
여통여취요.
정통정취요.
진통진취요.
의통의취요.
덕통덕취요.
효통효취요.
충통충취요.
예통예취요.
복통복취요.
지통지취요.
혜통혜취요.

명통명취요.
광통광취요.
휘통휘취요.
중통중취요.
영통영취요.
만통성취요.
활활창창이요.
창창활활이요.
울울창창이요.
창창울울이요.
활활창생이요.
창생활활이요.
활활자재요.
자재활활이요.
자주자활이요.
자활자주요.
자존자활이요.
자활자존이요.

자여자불이요.
자불자여요.
자위자불이요.
자불자위요.
자여자락이요.
자위자락이다.

나!

법계다.
우주다.
세계다.
세상이다.
천하다.
산하대지다.
삼라만상이다.
두두물물이다.
해다.

달이다.
별이다.
구름이다.
바람이다.
비다.
눈이다.
서리다.
이슬이다.
안개다.
운무다.
무지개다.
들녘이다.
산이다.
바다다.
강물이다.
호수다.
옹달샘이다.
바위다.

돌맹이다.
모래다.
무쇠다.
금이다.
은이다.
동이다.
옥이다.
불이다.
흙이다.
물이다.
나무다.
숲이다.
풀이다.
열매다.
새다.
물고기다.
짐승이다.
사람이다.

나!

유생이요.
무생이요.
유정이요.
무정이요.
범부요.
성인이요.
중생이요.
부처요.
이승이요.
저승이요.
사바요.
극락이요.
육도요.
삼세요,
삼계요,
삼보요,

여래요,
청정법신비로자나불이요,
원만보신노사나불이요,
천백억화신석가모니불이요,
무량수무량불이다.

나!

팔만사천 선이요,
팔만사천 교요,
팔만사천 율이요,
팔만사천 론이요,
팔만사천 돈오점수요,
팔만사천 돈오돈수요,
팔만사천 본오본수요,
팔만사천 자오자수요,
팔만사천 직광직조요,
팔만사천 본광본조요,

팔만사천 자광자조요
팔만사천 원만구족이요,
팔만사천 원융무애요,
팔만사천 무애자재요,
팔만사천 자유자재요,
팔만사천 상주상락이요,
팔만사천 상락아정이요,
팔만사천 영생영락이요,
팔만사천 성불본불이요.
팔만사천 본나본낙이다.

나!

이유도 없다.
까닭도 없다.
의혹도 없다.
의심도 없다.
어긋남도 없다.

조건도 없다.
조각도 없다.
쪼임도 없다.
조합도 없다.
조잡도 없다.
조작도 없다.
매몰도 없다.
통제도 없다.
통함도 없다.
통한도 없다.
퇴물도 없다.
퇴임도 없다.
퇴짜도 없다.
퇴보도 없다.
퇴직도 없다.
퇴폐도 없다.
메마름도 없다.
덜함도 없다.

더함도 없다.
닦음도 없다.
토도 없다.

나!

틈도 없다.
간격도 없다.
사이도 없다.
거리도 없다.
거간도 없다.
거짓도 없다.
허위도 없다.
허망도 없다.
허술도 없다.
허공도 없다.
허상도 없다.
허견도 없다.

헛것도 없다.
헛짓도 없다.
헛일도 없다

나!

아상도 없다.
인상도 없다.
중생상도 없다.
수자상도 없다.
각상도 없다.
도상도 없다.
법상도 없다.
불상도 없다.
몽상도 없다.
망상도 없다.
유상도 없다.
무상도 없다.

색상도 없다.
공상도 없다.
공성도 없다.

나!

공견도 없다.
색견도 없다.
사견도 없다.
아견도 없다.
인견도 없다.
중생견도 없다.
수자견도 없다.
각견도 없다.
도견도 없다.
법견도 없다.
불견도 없다.
유견도 없다.

무견도 없다.
상견도 없다.
단견도 없다.
단절도 없다.
단명도 없다.
단속도 없다.
단일도 없다.
단정도 없다.
단판도 없다.

나!

헤아림도 없다.
시비도 없다.
분별도 없다.
나눔도 없다.
다툼도 없다.
욕심도 없다.

욕망도 없다.
욕 됨도 없다.
욕구도 없다.
욕질도 없다.
욕설도 없다
욕탄도 없다.
욕도 없다.

나!

아집도 없다.
인집도 없다.
중생집도 없다.
수자집도 없다.
각집도 없다.
도집도 없다.
법집도 없다.
불집도 없다.

나!

이기도 없다.
독선도 없다.
삿 됨도 없다.
속 됨도 없다.
속절함도 없다.
속셈도 없다.

나!

부질함도 없다.
부적절함도 없다.
더듬도 없다.
덧없음도 없다.
야속함도 없다.
섭섭함도 없다.
유감도 없다.

소솔함도 없다.
소소함도 없다.
살붙임도 없다.

나!

구정물도 없다.
진흙탕도 없다.
가시밭도 없다.
꾸지람도 없다.
답답함도 없다.
좁음도 없다.
참담함 없다.
참혹함도 없다.
쇠잔함도 없다.
부글거림도 없다.

나!

쪽정이도 없다.
껍대기도 없다.
골짐도 없다.
궁함도 없다.
박복함도 없다.
가난함도 없다.
잡 됨도 없다.
잡음도 없다.
사사로움도 없다.

나!

어디에 둠 없다.
의지함도 없다.
머문바도 없다.
얽매임도 없다.

막힘도 없다.
걸림도 없다.
장애도 없다.
고난도 없다.
어려움도 없다.

나!

어지러움도 없다.
엎어짐도 없다.
쓰러짐도 없다.
약함도 없다.
뒤집힘도 없다.
꼬임도 없다.
사기도 없다.
매함도 없다.
끌림도 없다.
시끄러움도 없다.

나!

속상함도 없다.
복잡함도 없다.
곁눈질도 없다.
주저함도 없다.
망설임도 없다.
쑥스러움도 없다
꾸밈도 없다.
구김도 없다.

나!

울적거림도 없다.
울먹거림도 없다.
울궈먹음도 없다.
울부짖음도 없다.
울일도 없다.

울상도 없다.

나!

잘못도 없다.
꾸중도 없다.
꾸지람도 없다.
구겨짐도 없다.
꾸짖음도 없다.
구부림도 없다.

나!

부패도 없다.
부결도 없다.
부정도 없다.
부족도 없다.
부속도 없다.

부분도 없다.
부재도 없다.
부도도 없다.
부장도 없다.
부역도 없다.
부질도 없다.

나!

망심도 없다.
망념도 없다.
망감도 없다.
망식도 없다.
망의도 없다.
망지도 없다.
망견도 없다.
망각도 없다.
망증도 없다.

망인도 없다.
망작도 없다.
망행도 없다.
망향도 없다.
망명도 없다.
망언도 없다.
망상도 없다.

나!

허래도 없다.
허식도 없다.
허약도 없다.
허기도 없다.
허위도 없다.
허구도 없다.
허술도 없다.
허명도 없다.

허망도 없다.
허상도 없다.
허집도 없다.
허견도 없다.
허각도 없다.
허통도 없다.
허도도 없다.
허법도 없다.
흐트러짐도 없다.
허물음도 없다.
헛것도 없다.
헛 됨도 없다.
헛일도 없다.
헛삶도 없다.

나!

거짓도 없다.

가짜도 없다.
가식도 없다.
가면도 없다.
가혹도 없다.
두려움도 없다.
떨림도 없다.
쇠세함도 없다.
약소함도 없다.
외소함도 없다.
외면함도 없다.

나!

불평도 없다.
불만도 없다.
불경도 없다.
분노도 없다.
불순도 없다.

불씨도 없다.
불지름도 없다.
불태움도 없다.
불탐도 없다.
불화도 없다.
불구도 없다.
불문도 없다.

나!

변명도 없다.
변경도 없다.
변질도 없다.
변고도 없다.
변화도 없다.
변별도 없다.
변죽도 없다.
변상도 없다.

변두리도 없다.
빈정댐도 없다.
변수도 없다.
변호도 없다.

나!

화도 없다.
사나움도 없다.
거칠음도 없다.

나!

독선도 없다.
독직도 없다.
독함도 없다.
집념도 없다.
집착도 없다.

집중도 없다.
집결도 없다.
집안도 없다.
집밖도 없다.
집길도 없다.
집합도 없다.
집도 없다.

나!

탐심도 없다.
탐진치도 없다.
탐함도 없다.
탐욕도 없다.
탐애도 없다.
애욕도 없다.
애착도 없다.
갈구도 없다.

갈증도 없다.
갈애도 없다.
갈등도 없다.
갈망도 없다.
방황도 없다.

나!

껄떡임도 없다.
껄떡거림도 없다.
깔딱거림도 없다.
팔딱거림도 없다.
펄떡거림도 없다.
껄쭉거림도 없다.
껄적거림도 없다.
까닥거림도 없다.
까탈거림도 없다.
거들먹거림도 없다.

꺼적거림도 없다.
끄적거림도 없다.
꺼떡거림도 없다.
거만함도 없다.
거망함도 없다.

나!

거함도 없다.
부족함도 없다.
더함도 없다.
덜함도 없다.
채움도 없다.
비움도 없다.
잡음도 없다.
놓음도 없다.
구함도 없다.
얻음도 없다.

달림도 없다.
멈춤도 없다.
계속 됨도 없다.
쉼도 없다.
시작도 없다.
끝도 없다.
중간도 없다.
가도 없다.
안팎도 없다.
좌우도 없다.
전후도 없다.
상하도 없다.
틈도 없다.
간격도 없다.
거리도 없다.
비교도 없다.
차이도 없다.
차등도 없다.

차별도 없다.

나!

비판도 없다.
비난도 없다.
시비도 없다.
시기도 없다.
시샘도 없다.
질투도 없다.
증오도 없다.
멸시도 없다.
질시도 없다.
원결도 없다.
원망도 없다.
원한도 없다.
매침도 없다.
설움도 없다.

아쉬움도 없다.
풀지 못함도 없다.

나!

걱정도 없다.
근심도 없다.
번뇌도 없다.
번민도 없다.
고뇌도 없다.
고민도 없다.
고충도 없다.
고통도 없다.
절망도 없다.

나!

실의도 없다.

실패도 없다.
실질도 없다.
실격도 없다.
실증도 없다.
실수도 없다.
실정도 없다.
실적도 없다.
실직도 없다.
실망도 없다.

나!

소망도 없다.
소원도 없다.
소구도 없다.
소실도 없다.
소송도 없다.
소견도 없다.

소의도 없다.
소신도 없다.
소명도 없다.
소작도 없다.
소경도 없다.
소식도 없다.
소전도 없다.
소진도 없다.
소멸도 없다.

나!

행적도 없다.
행동도 없다.
행패도 없다.
가패도 없다.
증패도 없다.
공패도 없다.

간패도 없다.
은패도 없다.
패잔도 없다.
패패도 없다.
자패도 없다.
직패도 없다.
적폐도 없다.
비패도 없다.
대패도 없다.
중패도 없다.
소패도 없다.
갈패도 없다.
올패도 없다.
득패도 없다.
유패도 없다.
무패도 없다.
잔패도 없다.
골패도 없다.

우패도 없다.
좌패도 없다.
전패도 없다.
후패도 없다.

나!

가둠도 없다.
갇힘도 없다.
피함도 없다.
자취도 없다.
자퇴도 없다.
자격도 없다.
자충도 없다.
자정도 없다.
자중도 없다.
자각도 없다.
자책도 없다.

자질도 없다.
자괴도 없다.
자망도 없다.
자멸도 없다.

나!

공멸도 없다.
공해도 없다.
공적도 없다.
공허도 없다.
공명도 없다.
공유도 없다.
공무도 없다.
공격도 없다.
공갈도 없다.
공짜도 없다.
공수도 없다.

공공도 없다.
공덕도 없다.
공득도 없다.
공직도 없다.
공작도 없다.
공업도 없다.
공중도 없다.

나!

종잡음도 없다.
종침도 없다.
종결도 없다.
종파도 없다.
종멸도 없다.
불멸도 없다.
불퇴도 없다.
불종도 없다.

불민도 없다.
불혹도 없다.
불쾌도 없다.
불음도 없다.
불길도 없다.
불충도 없다.
불효도 없다.
불의도 없다.
불명도 없다.

나!

분열도 없다.
분개도 없다.
분함도 없다.
분출도 없다.
분소도 없다.
분해도 없다.

분주도 없다.
분원도 없다.
분류도 없다.
분별도 없다.
분단도 없다.
분할도 없다.
분파도 없다.

나!

파장도 없다.
파피도 없다.
파죽도 없다.
파산도 없다.
파멸도 없다.
파편도 없다.
파우도 없다.
파격도 없다.

파함도 없다.

나!

보존도 없다.
보충도 없다.
보통도 없다.
보증도 없다.
보직도 없다.
보결도 없다.

나!

대결도 없다.
대적도 없다.
대항도 없다.
대치도 없다.
대면도 없다.

대충도 없다.
대의도 없다.
대사도 없다.
대역도 없다.
대질도 없다.
대민도 없다.
대진도 없다.
대우도 없다.
대수도 없다.
대화도 없다.
대답도 없다.

나!

다가섬도 없다.
물러설 수도 없다.
못함도 없다.
아니함도 없다.

얻음도 없다.
가짐도 없다.
잃음도 없다.

나!

고민도 없다.
고독도 없다.
고적함도 없다.
고결함도 없다.
고귀함도 없다.
고준함도 없다.
고사함도 없다.
고진함도 없다.
고의함도 없다.
고질함도 없다.
고견함도 없다.
고뇌도 없다.

나!

우울함도 없다.
울적함도 없다.
외로움도 없다.
쓸쓸함도 없다.
적막함도 없다.
적멸함도 없다.
적적함도 없다.
연민함도 없다.

나!

과함도 없다.
모자람도 없다.
공평함도 없다.
공멸함도 없다.
공적함도 없다.

공허함도 없다.
공망함도 없다.
허망함도 없다.
황망함도 없다.
막막함도 없다.
아련함도 없다.
미련도 없다.
한스러움도 없다.
아픔도 없다.
설움도 없다.

나!

퇴보도 없다.
퇴진도 없다.
퇴패도 없다.
고충도 없다.
아등댐도 없다.

바등댐도 없다.
꺄우뚱댐도 없다.
까웃등댐도 업다.
삐댐도 없다.
삐등댐도 없다.
넘어짐도 없다.
짓눌림도 없다.
뭉갬도 없다.
멍함도 없다.
멍때림도 없다.
멍청함도 없다.
억눌림도 없다.
억울함도 없다.
억압함도 없다.
억지함도 없다.

나!

욕계함도 없다.
색계함도 없다.
무색계함도 없다.
세업함도 없다.
세습업도 없다.
세간업도 없다.
출세간업도 없다.
쓸모업도 없다.
업연업도 없다.
업과업도 없다.
업식업도 없다.
업지업도 없다.
고업도 없다.
고액도 없다.
고역도 없다.
고가도 없다.

고충도 없다.

나!

난이도 없다.
난잡도 없다.
난간도 없다.
난제도 없다.
난해함도 없다.
난감함도 없다.
낭떠러지도 없다.
절박함도 없다.
먹먹함도 없다.
막막함도 없다.
막연함도 없다.
막중함도 없다.
막작함도 없다.
바보 됨도 없다.

나!

불경 됨도 없다.
불의 됨도 없다.
불결 됨도 없다.
불멸 됨도 없다.
불안 됨도 없다.
파멸 됨도 없다.
파괴 됨도 없다.
파산 됨도 없다.
참패 됨도 없다.
참혹 됨도 없다.
참괴 됨도 없다.
참회 됨도 없다.
흔적 됨도 없다.
허기짐도 없다.
자취 됨도 없다.
그림자 됨도 없다.

멀쩡 됨도 없다.
멀건 됨도 없다.
멀미 됨도 없다.
멀어짐도 없다.

나!

어색함도 없다.
어정쩡함도 없다.
어쩔함도 없다.
어질 됨도 없다.
어간 됨도 없다.
어슬 됨도 없다.
어둥 됨도 없다.
어안 됨도 없다.
어굿 됨도 없다.
어게 됨도 없다.
어중 됨도 없다.

어정 됨도 없다.
어김 됨도 없다.
어순 됨도 없다.
어울 됨도 없다.
어수 됨도 없다.
어찌 됨도 없다.
어이 됨도 없다.
어둠 됨도 없다.
어긋짐도 없다.
으깨짐도 없다.
떨림도 없다.
떨떨함도 없다.
떨굼도 없다.

나!

매정함도 없다.
매몰참도 없다.

매질함도 없다.
시림도 없다.
저림도 없다.
저버림도 없다.
저격도 없다.
저질도 없다.
절충도 없다.
절교도 없다.
절절도 없다.
절박도 없다.
절실도 없다.
절단도 없다.
절망도 없다.
절규도 없다.
절찬도 없다.

나

긍정도 없다.
부정도 없다.
수궁도 없다.
수중도 없다.
수결도 없다.
수습도 없다.
수업도 없다.
수익도 없다.
수난도 없다.
고난도 없다.
고사도 없다.
고달픔도 없다.
고진감래도 없다.

나!

교시도 없다.
교단도 없다.
교육도 없다.
교정도 없다.
교할도 없다.
교감도 없다.
교가도 없다.
교도 없다.

나!

애달픔도 없다.
슬픔도 없다.
괴로움도 없다.
병듬도 없다.
아픔도 없다.

민폐도 없다.
민원도 없다.
민감함도 없다.
민망함도 없다.
면밀함도 없다.
낭패함도 없다.

나!

천함도 없다.
천박함도 없다.
가식도 없다.
가짜도 없다.
거짓도 없다.
엉터리도 없다.

나!

비꼼도 없다.
빈정댐도 없다.
괴담도 없다.
괴질도 없다.
괴각도 없다.
이질도 없다.
이간도 없다.
모함도 없다.
모멸도 없다.
모욕도 없다.
설욕도 없다.
설잠도 없다.
설익음도 없다.
설마도 없다.
설침도 없다.

나!

산란도 없다.
빈약도 없다.
비틀림도 없다.
모남도 없다.
뾰족함도 없다.
구부림도 없다.
울퉁불퉁도 없다.
비탈도 없다.
비좁음도 없다.
사이 됨도 없다.
틈이 됨도 없다.
경계 됨도 없다.
흠 됨도 없다.
허물 됨도 없다.
넉살 됨도 없다.
넉달 됨도 없다.

늑장 됨도 없다.

나!

세침 됨도 없다.
세밀 됨도 없다.
새움 됨도 없다.
새김 됨도 없다.
새길 됨도 없다.
새수 됨도 없다.
새단장 됨도 없다.
딴 격 됨도 없다.
딴 결 됨도 없다.
딴 품 됨도 없다.
딴 질 됨도 없다.
수고 됨도 없다.
거짓 됨도 없다.
가짜 됨도 없다.

조잡 됨도 없다.
조아림 됨도 없다.
저버림도 없다.
패함도 없다.
망함도 없다.

나!

마도 없다.
마구니도 없다.
마엽도 없다.
마장도 없다.
덧붙임도 없다.
때 묻음도 없다.
물들임도 없다.
곳도 없다.
때도 없다.
앎도 없다.

모름도 없다.
유식도 없다.
무식도 없다.
유지도 없다.
무지도 없다.
유명도 없다.
무명도 없다.
구업도 없다.
현업도 없다.
가업도 없다.
가면도 없다.
가짜도 없다.

나!

음해도 없다.
음습도 없다.
음업도 없다

망업도 없다.
망습도 없다.
업습도 없다.
업풍도 없다.
업신도 없다.
업계도 없다.
업망도 없다.
업연도 없다.
업실도 없다.
업작도 없다.
업행도 없다.
업흥도 없다.
업식도 없다.
업 됨도 없다.
업뗌도 없다.
업과도 없다.
업실도 없다.
업패도 없다.

업망도 없다.
업엽도 없다.
업습도 없다.
업생도 없다.
업성도 없다.
업인도 없다.
업득도 없다.
업명도 없다.
업상도 없다.
업색도 없다.
업공도 없다.
업품도 없다.
업격도 없다.
업주도 없다.
업처도 없다.
업언도 없다.
업독도 없다.

나!

현혹 됨도 없다.
미혹 됨도 없다.
미진 됨도 없다.
미미 됨도 없다.
족함 됨도 없다.
의중 됨도 없다.
의결 됨도 없다.
의정 됨도 없다.
의하 됨도 없다.
의미 됨도 없다.
의구 됨도 없다.

나!

오염 됨도 없다.
오역 됨도 없다.

오판 됨도 없다.
해체 됨도 없다.
흩어짐도 없다.
졸 됨도 없다.

나!

허언도 없다.
허업도 없다.
허견도 없다.
망견도 없다.
망집도 없다.
망언도 없다.
망상도 없다.
망신도 없다.
수치심도 없다.
모멸 됨도 없다.
모욕 됨도 없다.

모짐도 없다.
무고함도 없다.
미적함도 없다.
흔들림도 없다.

나!

속임도 없다.
속음도 없다.
어리석음도 없다.
잔꾀도 없다.
잔재주도 없다.
수작함도 없다.
작업함도 없다.
장난함도 없다
잡 됨도 없다.
잘못도 없다.
덮어썩움도 없다.

오리발 내밈도 없다.
노발대발도 없다.
부글거림도 없다.
안면몰수도 없다.

나!

인색함도 없다.
빠뜨림도 없다.
외면할 수도 없다.
저버릴 수도 없다.
물러설 수도 없다.
무너질 수도 없다.
어긋날 수도 없다.
감출수도 없다.
드러낼 수도 없다.
받을 수도 없다.
줄 수도 없다.

구할 수도 없다.
얻어올 수도 없다.

나!

매할 수도 없다.
깨칠 수도 없다.
알 수도 없다.
모를 수도 없다.
밝을 수도 없다.
캄캄할 수도 없다.
드러낼 수도 없다.
감출 수도 없다.
세울 수도 없다.
무너질 수도 없다.
물러설 수도 없다.
앞설 수도 없다.
멸할 수도 없다.

향상될 수도 없다.
숨 막힐 수도 없다.
숨 거둘 수도 없다.
숨 멈출 수도 없다.
영원 아니 할 수도 없다.

나!

딴 뜻 됨이 없다.
딴 것 됨이 없다.
딴 일 됨이 없다.
딴 수 됨이 없다.
딴 수작 됨이 없다.
딴 시현 됨이 없다.
딴 삼라만상 됨이 없다.
딴 두두물물 됨이 없다.
딴 발현 됨이 없다.
딴 구속 됨이 없다.

딴 구상 됨이 없다.
딴 구현 됨이 없다.
딴 실현 됨이 없다.

나!

딴 천하 됨이 없다.
딴 산하대지 됨이 없다.
딴 세상 됨이 없다.
딴 세계 됨이 없다.
딴 우주 됨이 없다.
딴 법계 됨이 없다.
딴 연기 됨이 없다.
딴 중도 됨이 없다.
딴 공존 됨이 없다.
딴 상생 됨이 없다.
딴 상연 됨이 없다.
딴 여현 됨이 없다.

딴 열반 됨이 없다.
딴 현현 됨이 없다.
딴 여여 됨이 없다.

나!

딴 바름 됨이 없다.
딴 참 됨이 없다.
딴 밝음이 없다.
딴 빛남이 없다.
딴 휘날림이 없다.
딴 통함이 없다.
딴 처처 됨이 없다.
딴 머묾 됨이 없다.
딴 반야 됨이 없다.
딴 바라밀 됨이 없다.
딴 때 됨이 없다.
딴 곳 됨이 없다.

딴 길 됨이 없다.
딴 일 됨이 없다.
딴 짓 됨이 없다.
딴 청 됨이 없다.
딴 따로 됨이 없다.

나!

딴 마음 됨이 없다.
딴 생각 됨이 없다.
딴 감정 됨이 없다.
딴 뜻 됨이 없다.
딴 식 됨이 없다.
딴 지각 됨이 없다.
딴 도 됨이 없다.
딴 법 됨이 없다.
딴 중생 됨이 없다.
딴 부처 됨이 없다.

딴 창생 됨이 없다.
딴 나 됨이 없다.

나!

창주다.
창존이다.
창생이다.
창조다.
창의다.
창세다.
창락이다.

나!

여여하다.
하자 없다.
본각이다.

원각이다.
현각이다.
영각이다.
대각이다.
정각이다.
진각이다.
명각이다.
묘각이다.
여래이다.

나!

틀림없다.
분명하다.
확연하다.
꼭 맞다.
똑같다.
한결같다.

모자람 없다.
가득하다.
족하다.

나!

정의롭다.
공평하다.
공정하다.
화합하다.
화목하다.
소중하다.
귀중하다.
귀하다.
평등하다.
평화롭다.
안락하다.
자유롭다.

어긋나지 않다.

나!

막힘없다.
걸림 없다.
가림 없다.
진하다.
확실하다.
확고하다.
확철대오다.
내외명철이다.
분명하다.
부동하다.
활발하다.
활활하다.
창창하다.
울울하다.

찰찰하다.
무진하다.
무한하다.
무궁하다.

나!

고구정녕하다
공명정대하다.
진리다.
진실하다.
진정이다.
진지하다.
진중하다.
진솔하다.
중후하다.
중심이다.
중도다.

주체다.
자체다.
자용이다.
실체다.
실용이다.
활활이다.
도다.

나!

시작이다.
끝이다.
완성이다.
완결이다.
만세다.
길이다.
자신이다.
의젓하다.

의연하다.
당연하다.
당당하다.
행이다.

나!

신선하다.
신성하다.
신묘하다.
신기하다.
신통하다.
신중하다.
신뢰하다.
신임하다.
신출하다.
신망하다.
신활하다.

심오하다.
심명하다.
심신하다.
심이다.
법이다.
실락이다.
진여실상이다.

나!

찬란하다.
원만구족이다.
광영이다.
광명이다.
광휘다.
환희다.
경의다.
고귀하다.

고준하다.
고명하다.
존귀하다.
존중하다.
존경하다.
준수하다.
준결하다.
거룩하다.
성스럽다.
지고지순하다.

나!

아름답다.
찬란하다.
원융무애다.
능지능사다.
전지전능이다.

본지본능이다.
현지현능이다.
영지영능이다.
만사대통이다.
대운대박이다.
길상길경이다.
보화영화다.
복혜구족이다.
찰찰경사다.

나!

창창울울이다.
울울창창이다.
활연창창이다.
울연활활이다.
경축경흥이다.
경화융화다.

융성흥성이다.
자체자용이다.
실체실용이다.
현체현용이다.
영체영용이다.
자위여여다.

나!

동정일여다.
몽중일여다.
숙명일여다.
오매일여다.
미오일여다.
여현일여다.
생사일여다.
입출일여다.
태생일여다.

란생일여다.
습생일여다.
화생일여다.
육도일여다.
윤회일여다.
여여일여다.
영각일여다.
현현일여다.
일상일여다.
평상일여다.
영원일여다.
무궁일여다.
무진일여다.
무한일여다.

나!

원만구족이다.

원융무애다.
무애자재다.
자유자재다.
대기대용이다.
항사묘용이다.
호쾌대활이다.
호호탕탕이다.
무위진인이다.
독아청청이다.
독존다존이다.
입처개진이다.
처처실락이다.

나!

이대로다.
저대로다.
그대로다.

홍대로다.
저절로다.
스스로다.
다 함께다.
다 끝없다.

나!

다 진여실현이다.
다 실상구현이다.
다 해탈극락이다.
다 여여진락이다.
다 상생상연이다.
다 중도공존이다.
다 상주상락이다.
다 상락아정이다.
다 영생영락이다.
다 본나본불이다.

나!

다 지님이다.
다 이룸이다.
다 열림이다.
다 드러냄이다.
다 나툼이다.
다 펼침이다.
다 세움이다.
다 응함이다.
다 씀이다.
다 누림이다.

나!

오직 나이기에
오직 나뿐이기에
오직 나가 다로 열려

오직 나가 다요
오직 다가 나로
오직 나 다로 전부요
오직 다 나로 전부라
오직 두루 그 무엇도
오직 두루 그 어떤 것도
오직 두루 그 어떤 곳도
오직 두루 그 어떤 때도
오직 나 다나로 드러내고
오직 다 나다로 나투고
오직 나 다나로 이루어서
오직 나 나다로 누리며

나!

나 다나 자체다. 자용이다. 자실이다.
나 다나, 다 나다, 전부다.
나 다나, 자존이다, 주존이다, 실존이다.

나 다나, 본존이다, 원존이다, 각존이다.
나 다나, 지존이다, 세존이다, 천존이다.
나 다나, 성존이다, 현존이다, 영존이다.
나 다나, 자체다, 자용이다, 자실이다.
나 다나, 정존이다, 진존이다, 명존이다.
나 다나, 실세다, 실제다, 실권이다.
나 다나, 실체다, 실용이다, 실행이다.
나 다나, 실참이다, 실현이다, 구현이다.
나 다나, 발현이다, 완성이다, 씀이다.
나 다나, 지님이다, 열림이다, 누림이다.
나 다나, 연기다, 법계다, 우주다.
나 다나, 공존이다, 중도다, 세계다.
나 다나, 진여다, 실상이다, 세상이다.
나 다나, 청정이다, 순백이다, 창생이다.
나 다나, 구족이다, 원융이다, 무애다.
나 다나, 순수다, 순결이다, 순정이다.
나 다나, 천진이다, 청명이다, 청활이다.
나 다나, 정견이다, 정도다, 정법이다.

나 다나, 법신이다, 보신이다, 화신이다.
나 다나, 삼매다, 해탈이다, 자유다.
나 다나 여여다, 열반이다, 영생이다.
나 다나, 상주다, 상락이다, 아정이다.
나 다나, 축복이다, 행복이다, 은혜다.
나 다나, 광명이다, 감로다, 가피다.
나 다나, 보배다, 보주다, 부귀다.
나 다나, 보화다, 영화다, 경화다.
나 다나, 길상이다, 길경이다, 경사다.
나 다나, 사랑이다, 자비다, 경의다.
나 다나, 지고지순하다, 거룩하다, 성스럽다.
나 다나, 신령하다, 영령하다, 영각이다.
나 다나, 성불이다, 본불이다, 자불이다.
나 다나, 창주다, 창세다, 창락이다.
나 다나, 절대다, 무한이다, 무량이다.
나 다나, 현재 영원 자여자락이다.

나!

나 자체로 내가 다로 열리어
유아도 무아도 없는 내가 유아 무아를 동시에 나로 청정무구하고 순백무구하고 원만구족하게 원융무애하게 자유자재로 상주상락 상락아정 영생영락으로 작용하여 쓰며 누린다.

나 자체로 내가 다로 열리어
유존도 무존도 없는 내가 유존 무존을 동시에 나로 청정무구하고 순백무구하고 원만구족하게 원융무애하게 자유자재로 상주상락 상락아정 영생영락으로 작용하여 쓰며 누린다.

나 자체로 내가 다로 열리어
유생도 무생도 없는 내가 유생 무생을 동

시에 나로 청정무구하고 순백무구하고 원만구족하게 원융무애하게 자유자재로 상주상락 상락아정 영생영락으로 작용하여 쓰며 누린다.

나 자체로 내가 다로 열리어
유성도 무성도 없는 내가 유성 무성을 동시에 나로 청정무구하고 순백무구하고 원만구족하게 원융무애하게 자유자재로 상주상락 상락아정 영생영락으로 작용하여 쓰며 누린다.

나 자체로 내가 다로 열리어
유 자성도 무 자성도 없는 내가 유 자성 무 자성을 동시에 나로 청정무구하고 순백무구하고 원만구족하게 원융무애하게 자유자재로 상주상락 상락아정 영생영락으로 작용하여 쓰며 누린다.

나 자체로 내가 다로 열리어
유 불성도 무 불성도 없는 내가 유 불성 무 불성을 동시에 나로 청정무구하고 순백무구하고 원만구족하게 원융무애하게 자유자재로 상주상락 상락아정 영생영락으로 작용하여 쓰며 누린다.

나 자체로 내가 다로 열리어
유 본성도 무 본성도 없는 내가 유 본성 무 본성을 동시에 나로 청정무구하고 순백무구하고 원만구족하게 원융무애하게 자유자재로 상주상락 상락아정 영생영락으로 작용하여 쓰며 누린다.

나 자체로 내가 다로 열리어
유 원성도 무 원성도 없는 내가 유 원성 무 원성을 동시에 나로 청정무구하고 순백무구하고 원만구족하게 원융무애하게

자유자재로 상주상락 상락아정 영생영락
으로 작용하여 쓰며 누린다.

나 자체로 내가 다로 열리어
유 성성도 무 성성도 없는 내가 유 성성
무 성성을 동시에 나로 청정무구하고 순
백무구하고 원만구족하게 원융무애하게
자유자재로 상주상락 상락아정 영생영락
으로 작용하여 쓰며 누린다.

나 자체로 내가 다로 열리어
유 견성도 무 견성도 없는 내가 유 견성
무 견성을 동시에 나로 청정무구하고 순
백무구하고 원만구족하게 원융무애하게
자유자재로 상주상락 상락아정 영생영락
으로 작용하여 쓰며 누린다.

나 자체로 내가 다로 열리어

유 각성도 무 각성도 없는 내가 유 각성
무 각성을 동시에 나로 청정무구하고 순
백무구하고 원만구족하게 원융무애하게
자유자재로 상주상락 상락아정 영생영락
으로 작용하여 쓰며 누린다.

나 자체로 내가 다로 열리어
유 영성도 무 영성도 없는 내가 유 영성
무 영성을 동시에 나로 청정무구하고 순
백무구하고 원만구족하게 원융무애하게
자유자재로 상주상락 상락아정 영생영락
으로 작용하여 쓰며 누린다.

나 자체로 내가 다로 열리어
유 인성도 무 인성도 없는 내가 유 인성
무 인성을 동시에 나로 청정무구하고 순
백무구하고 원만구족하게 원융무애하게
자유자재로 상주상락 상락아정 영생영락

으로 작용하여 쓰며 누린다.

나 자체로 내가 다로 열리어
유 지성도 무 지성도 없는 내가 유 지성
무 지성을 동시에 나로 청정무구하고 순
백무구하고 원만구족하게 원융무애하게
자유자재로 상주상락 상락아정 영생영락
으로 작용하여 쓰며 누린다.

나 자체로 내가 다로 열리어
유 감성도 무 감성도 없는 내가 유 감성
무 감성을 동시에 나로 청정무구하고 순
백무구하고 원만구족하게 원융무애하게
자유자재로 상주상락 상락아정 영생영락
으로 작용하여 쓰며 누린다.

나 자체로 내가 다로 열리어
유 천성도 무 천성도 없는 내가 유 천성

무 천성을 동시에 나로 청정무구하고 순백무구하고 원만구족하게 원융무애하게 자유자재로 상주상락 상락아정 영생영락으로 작용하여 쓰며 누린다.

나 자체로 내가 다로 열리어
유 동성도 무 동성도 없는 내가 유 동성 무 동성을 동시에 나로 청정무구하고 순백무구하고 원만구족하게 원융무애하게 자유자재로 상주상락 상락아정 영생영락으로 작용하여 쓰며 누린다.

나 자체로 내가 다로 열리어
유심도 무심도 없는 내가 유심 무심을 동시에 나로 청정무구하고 순백무구하고 원만구족하게 원융무애하게 자유자재로 상주상락 상락아정 영생영락으로 작용하여 쓰며 누린다.

나 자체로 내가 다로 열리어
유념도 무념도 없는 내가 유념 무념을 동시에 나로 청정무구하고 순백무구하고 원만구족하게 원융무애하게 자유자재로 상주상락 상락아정 영생영락으로 작용하여 쓰며 누린다.

나 자체로 내가 다로 열리어
유감도 무감도 없는 내가 유감 무감을 동시에 나로 청정무구하고 순백무구하고 원만구족하게 원융무애하게 자유자재로 상주상락 상락아정 영생영락으로 작용하여 쓰며 누린다.

나 자체로 내가 다로 열리어
유식도 무식도 없는 내가 유식 무식을 동시에 나로 청정무구하고 순백무구하고 원만구족하게 원융무애하게 자유자재로 상주상락 상락아정 영생영락으로 작용하여 쓰며 누린다.

나 자체로 내가 다로 열리어
유지도 무지도 없는 내가 유지 무지를 동시에 나로 청정무구하고 순백무구하고 원만구족하게 원융무애하게 자유자재로 상주상락 상락아정 영생영락으로 작용하여 쓰며 누린다.

나 자체로 내가 다로 열리어
유의도 무의도 없는 내가 유의 무의를 동시에 나로 청정무구하고 순백무구하고 원만구족하게 원융무애하게 자유자재로 상주상락 상락아정 영생영락으로 작용하여 쓰며 누린다.

나 자체로 내가 다로 열리어

유명도 무명도 없는 내가 유명 무명을 동시에 나로 청정무구하고 순백무구하고 원만구족하게 원융무애하게 자유자재로 상주상락 상락아정 영생영락으로 작용하여 쓰며 누린다.

나 자체로 내가 다로 열리어
유오도 무오도 없는 내가 유오 무오를 동시에 나로 청정무구하고 순백무구하고 원만구족하게 원융무애하게 자유자재로 상주상락 상락아정 영생영락으로 작용하여 쓰며 누린다.

나 자체로 내가 다로 열리어
유증도 무증도 없는 내가 유증 무증을 동시에 나로 청정무구하고 순백무구하고 원만구족하게 원융무애하게 자유자재로 상주상락 상락아정 영생영락으로 작용하여 쓰며 누린다.

나 자체로 내가 다로 열리어
유득도 무득도 없는 내가 유득 무득을 동시에 나로 청정무구하고 순백무구하고 원만구족하게 원융무애하게 자유자재로 상주상락 상락아정 영생영락으로 작용하여 쓰며 누린다.

나 자체로 내가 다로 열리어
유처도 무처도 없는 내가 유처 무처를 동시에 나로 청정무구하고 순백무구하고 원만구족하게 원융무애하게 자유자재로 상주상락 상락아정 영생영락으로 작용하여 쓰며 누린다.

나 자체로 내가 다로 열리어
유주도 무주도 없는 내가 유주 무주를 동

시에 나로 청정무구하고 순백무구하고 원만구족하게 원융무애하게 자유자재로 상주상락 상락아정 영생영락으로 작용하여 쓰며 누린다.

나 자체로 내가 다로 열리어
유염도 무염도 없는 내가 유염 무염을 동시에 나로 청정무구하고 순백무구하고 원만구족하게 원융무애하게 자유자재로 상주상락 상락아정 영생영락으로 작용하여 쓰며 누린다.

나 자체로 내가 다로 열리어
유상도 무상도 없는 내가 유상 무상을 동시에 나로 청정무구하고 순백무구하고 원만구족하게 원융무애하게 자유자재로 상주상락 상락아정 영생영락으로 작용하여 쓰며 누린다.

나 자체로 내가 다로 열리어
유 아상도 무 아상도 없는 내가 유 아상 무 아상을 동시에 나로 청정무구하고 순백무구하고 원만구족하게 원융무애하게 자유자재로 상주상락 상락아정 영생영락으로 작용하여 쓰며 누린다.

나 자체로 내가 다로 열리어
유 인상도 무 인상도 없는 내가 유 인상 무 인상을 동시에 나로 청정무구하고 순백무구하고 원만구족하게 원융무애하게 자유자재로 상주상락 상락아정 영생영락으로 작용하여 쓰며 누린다.

나 자체로 내가 다로 열리어
유 중생상도 무 중생상도 없는 내가 유 중생상 무 중생상을 동시에 나로 청정무구하고 순백무구하고 원만구족하게 원융무애하게 자유자재로 상주상락 상락아정 영생영락으로 작용하여 쓰며 누린다.

나 자체로 내가 다로 열리어
유 수자상도 무 수자상도 없는 내가 유 수자상 무 수자상을 동시에 나로 청정무구하고 순백무구하고 원만구족하게 원융무애하게 자유자재로 상주상락 상락아정 영생영락으로 작용하여 쓰며 누린다.

나 자체로 내가 다로 열리어
유 각상도 무 각상도 없는 내가 유 각상 무 각상을 동시에 나로 청정무구하고 순백무구하고 원만구족하게 원융무애하게 자유자재로 상주상락 상락아정 영생영락으로 작용하여 쓰며 누린다.

나 자체로 내가 다로 열리어

유 도상도 무 도상도 없는 내가 유 도상 무 도상을 동시에 나로 청정무구하고 순백무구하고 원만구족하게 원융무애하게 자유자재로 상주상락 상락아정 영생영락으로 작용하여 쓰며 누린다.

나 자체로 내가 다로 열리어
유 법상도 무 법상도 없는 내가 유 법상 무 법상을 동시에 나로 청정무구하고 순백무구하고 원만구족하게 원융무애하게 자유자재로 상주상락 상락아정 영생영락으로 작용하여 쓰며 누린다.

나 자체로 내가 다로 열리어
유 불상도 무 불상도 없는 내가 유 불상 무 불상을 동시에 나로 청정무구하고 순백무구하고 원만구족하게 원융무애하게 자유자재로 상주상락 상락아정 영생영락으로 작용하여 쓰며 누린다.

나 자체로 내가 다로 열리어
유 아집도 무 아집도 없는 내가 유 아집
무 아집을 동시에 나로 청정무구하고 순
백무구하고 원만구족하게 원융무애하게
자유자재로 상주상락 상락아정 영생영락
으로 작용하여 쓰며 누린다.

나 자체로 내가 다로 열리어
유 인집도 무 인집도 없는 내가 유 인집
무 인집을 동시에 나로 청정무구하고 순
백무구하고 원만구족하게 원융무애하게
자유자재로 상주상락 상락아정 영생영락
으로 작용하여 쓰며 누린다.

나 자체로 내가 다로 열리어
유 중생집도 무 중생집도 없는 내가 유 중

생집 무 중생집을 동시에 나로 청정무구하고 순백무구하고 원만구족하게 원융무애하게 자유자재로 상주상락 상락아정 영생영락으로 작용하여 쓰며 누린다.

나 자체로 내가 다로 열리어
유 수자집도 무 수자집도 없는 내가 유 수자집 무 수자집을 동시에 나로 청정무구하고 순백무구하고 원만구족하게 원융무애하게 자유자재로 상주상락 상락아정 영생영락으로 작용하여 쓰며 누린다.

나 자체로 내가 다로 열리어
유 각집도 무 각집도 없는 내가 유 각집 무 각집을 동시에 나로 청정무구하고 순백무구하고 원만구족하게 원융무애하게 자유자재로 상주상락 상락아정 영생영락으로 작용하여 쓰며 누린다.

나 자체로 내가 다로 열리어
유 도집도 무 도집도 없는 내가 유 도집
무 도집을 동시에 나로 청정무구하고 순
백무구하고 원만구족하게 원융무애하게
자유자재로 상주상락 상락아정 영생영락
으로 작용하여 쓰며 누린다.

나 자체로 내가 다로 열리어
유 법집도 무 법집도 없는 내가 유 법집
무 법집을 동시에 나로 청정무구하고 순
백무구하고 원만구족하게 원융무애하게
자유자재로 상주상락 상락아정 영생영락
으로 작용하여 쓰며 누린다.

나 자체로 내가 다로 열리어
유 불집도 무 불집도 없는 내가 유 불집
무 불집을 동시에 나로 청정무구하고 순
백무구하고 원만구족하게 원융무애하게

자유자재로 상주상락 상락아정 영생영락
으로 작용하여 쓰며 누린다.

나 자체로 내가 다로 열리어
유 아견도 무 아견도 없는 내가 유 아견
무 아견을 동시에 나로 청정무구하고 순
백무구하고 원만구족하게 원융무애하게
자유자재로 상주상락 상락아정 영생영락
으로 작용하여 쓰며 누린다.

나 자체로 내가 다로 열리어
유 인견도 무 인견도 없는 내가 유 인견
무 인견을 동시에 나로 청정무구하고 순
백무구하고 원만구족하게 원융무애하게
자유자재로 상주상락 상락아정 영생영락
으로 작용하여 쓰며 누린다.
.
나 자체로 내가 다로 열리어

유 중생견도 무 중생견도 없는 내가 유 중생견 무 중생견을 동시에 나로 청정무구하고 순백무구하고 원만구족하게 원융무애하게 자유자재로 상주상락 상락아정 영생영락으로 작용하여 쓰며 누린다.

나 자체로 내가 다로 열리어
유 수자견도 무 수자견도 없는 내가 유 수자견 무 수자견을 동시에 나로 청정무구하고 순백무구하고 원만구족하게 원융무애하게 자유자재로 상주상락 상락아정 영생영락으로 작용하여 쓰며 누린다.

나 자체로 내가 다로 열리어
유 각견도 무 각견도 없는 내가 유 각견 무 각견을 동시에 나로 청정무구하고 순백무구하고 원만구족하게 원융무애하게 자유자재로 상주상락 상락아정 영생영락으로 작용하여 쓰며 누린다.

나 자체로 내가 다로 열리어
유 도견도 무 도견도 없는 내가 유 도견
무 도견을 동시에 나로 청정무구하고 순
백무구하고 원만구족하게 원융무애하게
자유자재로 상주상락 상락아정 영생영락
으로 작용하여 쓰며 누린다.

나 자체로 내가 다로 열리어
유 법견도 무 법견도 없는 내가 유 법견
무 법견을 동시에 나로 청정무구하고 순
백무구하고 원만구족하게 원융무애하게
자유자재로 상주상락 상락아정 영생영락
으로 작용하여 쓰며 누린다.

나 자체로 내가 다로 열리어
유 불견도 무 불견도 없는 내가 유 불견

무 불견을 동시에 나로 청정무구하고 순백무구하고 원만구족하게 원융무애하게 자유자재로 상주상락 상락아정 영생영락으로 작용하여 쓰며 누린다.

나 자체로 내가 다로 열리어
유 보는 것도 무 보는 것도 없는 내가 유 보는 것 무 보는 것을 동시에 나로 청정무구하고 순백무구하고 원만구족하게 원융무애하게 자유자재로 상주상락 상락아정 영생영락으로 작용하여 쓰며 누린다.

나 자체로 내가 다로 열리어
유 들음도 무 들음도 없는 내가 유 들음 무 들음을 동시에 나로 청정무구하고 순백무구하고 원만구족하게 원융무애하게 자유자재로 상주상락 상락아정 영생영락으로 작용하여 쓰며 누린다.

나 자체로 내가 다로 열리어
유 숨 쉼도 무 숨 쉼도 없는 내가 유 숨 쉼 무 숨 쉼을 동시에 나로 청정무구하고 순백무구하고 원만구족하게 원융무애하게 자유자재로 상주상락 상락아정 영생영락으로 작용하여 쓰며 누린다.

나 자체로 내가 다로 열리어
유 맡음도 무 맡음도 없는 내가 유 맡음 무 맡음을 동시에 나로 청정무구하고 순백무구하고 원만구족하게 원융무애하게 자유자재로 상주상락 상락아정 영생영락으로 작용하여 쓰며 누린다.

나 자체로 내가 다로 열리어
유 맛봄도 무 맛봄도 없는 내가 유 맛봄 무 맛봄을 동시에 나로 청정무구하고 순백무구하고 원만구족하게 원융무애하게

자유자재로 상주상락 상락아정 영생영락
으로 작용하여 쓰며 누린다.

나 자체로 내가 다로 열리어
유 느낌도 무 느낌도 없는 내가 유 느낌
무 느낌을 동시에 나로 청정무구하고 순
백무구하고 원만구족하게 원융무애하게
자유자재로 상주상락 상락아정 영생영락
으로 작용하여 쓰며 누린다.

나 자체로 내가 다로 열리어
유 뜻도 무 뜻도 없는 내가 유 뜻 무 뜻
을 동시에 나로 청정무구하고 순백무구하
고 원만구족하게 원융무애하게 자유자재
로 상주상락 상락아정 영생영락으로 작용
하여 쓰며 누린다.

나 자체로 내가 다로 열리어

유분별도 무분별도 없는 내가 유분별 무분별을 동시에 나로 청정무구하고 순백무구하고 원만구족하게 원융무애하게 자유자재로 상주상락 상락아정 영생영락으로 작용하여 쓰며 누린다.

나 자체로 내가 다로 열리어
유 까닭도 무 까닭도 없는 내가 유 까닭 무 까닭을 동시에 나로 청정무구하고 순백무구하고 원만구족하게 원융무애하게 자유자재로 상주상락 상락아정 영생영락으로 작용하여 쓰며 누린다.

나 자체로 내가 다로 열리어
유 인식도 무 인식도 없는 내가 유 인식 무 인식을 동시에 나로 청정무구하고 순백무구하고 원만구족하게 원융무애하게 자유자재로 상주상락 상락아정 영생영락으로 작용하여 쓰며 누린다.

나 자체로 내가 다로 열리어
유 지각도 무 지각도 없는 내가 유 지각
무 지각을 동시에 나로 청정무구하고 순
백무구하고 원만구족하게 원융무애하게
자유자재로 상주상락 상락아정 영생영락
으로 작용하여 쓰며 누린다.

나 자체로 내가 다로 열리어
유 작용도 무 작용도 없는 내가 유 작용
무 작용을 동시에 나로 청정무구하고 순
백무구하고 원만구족하게 원융무애하게
자유자재로 상주상락 상락아정 영생영락
으로 작용하여 쓰며 누린다.

나 자체로 내가 다로 열리어
유 행위도 무 행위도 없는 내가 유 행위

무 행위를 동시에 나로 청정무구하고 순백무구하고 원만구족하게 원융무애하게 자유자재로 상주상락 상락아정 영생영락으로 작용하여 쓰며 누린다.

나 자체로 내가 다로 열리어
유업도 무업도 없는 내가 유업 무업을 동시에 나로 청정무구하고 순백무구하고 원만구족하게 원융무애하게 자유자재로 상주상락 상락아정 영생영락으로 작용하여 쓰며 누린다.

나 자체로 내가 다로 열리어
유인도 무인도 없는 내가 유인 무인을 동시에 나로 청정무구하고 순백무구하고 원만구족하게 원융무애하게 자유자재로 상주상락 상락아정 영생영락으로 작용하여 쓰며 누린다.

나 자체로 내가 다로 열리어
유연도 무연도 없는 내가 유연 무연을 동시에 나로 청정무구하고 순백무구하고 원만구족하게 원융무애하게 자유자재로 상주상락 상락아정 영생영락으로 작용하여 쓰며 누린다.

나 자체로 내가 다로 열리어
유과도 무과도 없는 내가 유과 무과를 동시에 나로 청정무구하고 순백무구하고 원만구족하게 원융무애하게 자유자재로 상주상락 상락아정 영생영락으로 작용하여 쓰며 누린다.

나 자체로 내가 다로 열리어
유웅도 무웅도 없는 내가 유웅 무웅을 동시에 나로 청정무구하고 순백무구하고 원만구족하게 원융무애하게 자유자재로 상주상락 상락아정 영생영락으로 작용하여 쓰며 누린다.

나 자체로 내가 다로 열리어
유보도 무보도 없는 내가 유보 무보를 동시에 나로 청정무구하고 순백무구하고 원만구족하게 원융무애하게 자유자재로 상주상락 상락아정 영생영락으로 작용하여 쓰며 누린다.

나 자체로 내가 다로 열리어
유 연기도 무 연기도 없는 내가 유 연기 무 연기를 동시에 나로 청정무구하고 순백무구하고 원만구족하게 원융무애하게 자유자재로 상주상락 상락아정 영생영락으로 작용하여 쓰며 누린다.

나 자체로 내가 다로 열리어

유 현상도 무 현상도 없는 내가 유 현상
무 현상을 동시에 나로 청정무구하고 순
백무구하고 원만구족하게 원융무애하게
자유자재로 상주상락 상락아정 영생영락
으로 작용하여 쓰며 누린다.

나 자체로 내가 다로 열리어
유 윤회도 무 윤회도 없는 내가 유 윤회
무 윤회를 동시에 나로 청정무구하고 순
백무구하고 원만구족하게 원융무애하게
자유자재로 상주상락 상락아정 영생영락
으로 작용하여 쓰며 누린다.

나 자체로 내가 다로 열리어
유 육도도 무 육도도 없는 내가 유 육도
무 육도를 동시에 나로 청정무구하고 순
백무구하고 원만구족하게 원융무애하게
자유자재로 상주상락 상락아정 영생영락

으로 작용하여 쓰며 누린다.

나 자체로 내가 다로 열리어
유 태란습화도 무 태란습화도 없는 내가
유 태란습화 무 태란습화를 동시에 나로
청정무구하고 순백무구하고 원만구족하게
원융무애하게 자유자재로 상주상락 상락
아정 영생영락으로 작용하여 쓰며 누린다.

나 자체로 내가 다로 열리어
유 생노병사도 무 생노병사도 없는 내가
유 생노병사 무 생노병사를 동시에 나로
청정무구하고 순백무구하고 원만구족하게
원융무애하게 자유자재로 상주상락 상락
아정 영생영락으로 작용하여 쓰며 누린다.

나 자체로 내가 다로 열리어
유 생주이멸도 무 생주이멸도 없는 내가

유 생주이멸 무 생주이멸을 동시에 나로
청정무구하고 순백무구하고 원만구족하게
원융무애하게 자유자재로 상주상락 상락
아정 영생영락으로 작용하여 쓰며 누린다.

나 자체로 내가 다로 열리어
유 성주괴공도 무 성주괴공도 없는 내가
유 성주괴공 무 성주괴공을 동시에 나로
청정무구하고 순백무구하고 원만구족하게
원융무애하게 자유자재로 상주상락 상락
아정 영생영락으로 작용하여 쓰며 누린다.

나 자체로 내가 다로 열리어
유 불멸불퇴도 무 불멸불퇴도 없는 내가
유 불멸불퇴 무 불멸불퇴를 동시에 나로
청정무구하고 순백무구하고 원만구족하게
원융무애하게 자유자재로 상주상락 상락
아정 영생영락으로 작용하여 쓰며 누린다.

나 자체로 내가 다로 열리어
유 여여부동도 무 여여부동도 없는 내가
유 여여부동 무 여여부동을 동시에 나로
청정무구하고 순백무구하고 원만구족하게
원융무애하게 자유자재로 상주상락 상락
아정 영생영락으로 작용하여 쓰며 누린다.

나 자체로 내가 다로 열리어
유 울울창창도 무 울울창창도 없는 내가
유 울울창창 무 울울창창을 동시에 나로
청정무구하고 순백무구하고 원만구족하게
원융무애하게 자유자재로 상주상락 상락
아정 영생영락으로 작용하여 쓰며 누린다.

나 자체로 내가 다로 열리어
유 창창울울도 무 창창울울도 없는 내가
유 창창울울 무 창창울울을 동시에 나로
청정무구하고 순백무구하고 원만구족하게

원융무애하게 자유자재로 상주상락 상락
아정 영생영락으로 작용하여 쓰며 누린다.

나 자체로 내가 다로 열리어
유 사대육신도 무 사대육신도 없는 내가
유 사대육신 무 사대육신을 동시에 나로
청정무구하고 순백무구하고 원만구족하게
원융무애하게 자유자재로 상주상락 상락
아정 영생영락으로 작용하여 쓰며 누린다.

나 자체로 내가 다로 열리어
유 오온색공도 무 오온색공도 없는 내가
유 오온색공 무 오온색공을 동시에 나로
청정무구하고 순백무구하고 원만구족하게
원융무애하게 자유자재로 상주상락 상락
아정 영생영락으로 작용하여 쓰며 누린다.

나 자체로 내가 다로 열리어

유 의식도 무의식도 없는 내가 유 의식 무의식을 동시에 나로 청정무구하고 순백무구하고 원만구족하게 원융무애하게 자유자재로 상주상락 상락아정 영생영락으로 작용하여 쓰며 누린다.

나 자체로 내가 다로 열리어
유 공적영지도 무 공적영지도 없는 내가 유 공적영지 무 공적영지를 동시에 나로 청정무구하고 순백무구하고 원만구족하게 원융무애하게 자유자재로 상주상락 상락아정 영생영락으로 작용하여 쓰며 누린다.

나 자체로 내가 다로 열리어
유 소소영영도 무 소소영영도 없는 내가 유 소소영영 무 소소영영을 동시에 나로 청정무구하고 순백무구하고 원만구족하게 원융무애하게 자유자재로 상주상락 상락아정 영생영락으로 작용하여 쓰며 누린다.

나 자체로 내가 다로 열리어
유 본성신령도 무 본성신령도 없는 내가
유 본성신령 무 본성신령을 동시에 나로
청정무구하고 순백무구하고 원만구족하게
원융무애하게 자유자재로 상주상락 상락
아정 영생영락으로 작용하여 쓰며 누린다.

나 자체로 내가 다로 열리어
유 본각광명도 무 본각광명도 없는 내가
유 본각광명 무 본각광명을 동시에 나로
청정무구하고 순백무구하고 원만구족하게
원융무애하게 자유자재로 상주상락 상락
아정 영생영락으로 작용하여 쓰며 누린다.

나 자체로 내가 다로 열리어
유 내외명철도 무 내외명철도 없는 내가

유 내외명철 무 내외명철을 동시에 나로
청정무구하고 순백무구하고 원만구족하게
원융무애하게 자유자재로 상주상락 상락
아정 영생영락으로 작용하여 쓰며 누린다.

나 자체로 내가 다로 열리어
유 현각증인도 무 현각증인도 없는 내가
유 현각증인 무 현각증인을 동시에 나로
청정무구하고 순백무구하고 원만구족하게
원융무애하게 자유자재로 상주상락 상락
아정 영생영락으로 작용하여 쓰며 누린다.

나 자체로 내가 다로 열리어
유 영각본나도 무 영각본나도 없는 내가
유 영각본나 무 영각본나를 동시에 나로
청정무구하고 순백무구하고 원만구족하게
원융무애하게 자유자재로 상주상락 상락
아정 영생영락으로 작용하여 쓰며 누린다.

나 자체로 내가 다로 열리어
유 자심도 무 자심도 없는 내가 유 자심
무 자심을 동시에 나로 청정무구하고 순
백무구하고 원만구족하게 원융무애하게
자유자재로 상주상락 상락아정 영생영락
으로 작용하여 쓰며 누린다.

나 자체로 내가 다로 열리어
유 본심도 무 본심도 없는 내가 유 본심
무 본심을 동시에 나로 청정무구하고 순
백무구하고 원만구족하게 원융무애하게
자유자재로 상주상락 상락아정 영생영락
으로 작용하여 쓰며 누린다.

나 자체로 내가 다로 열리어
유 불심도 무 불심도 없는 내가 유 불심
무 불심을 동시에 나로 청정무구하고 순
백무구하고 원만구족하게 원융무애하게

자유자재로 상주상락 상락아정 영생영락
으로 작용하여 쓰며 누린다.

나 자체로 내가 다로 열리어
유 신심도 무 신심도 없는 내가 유 신심
무 신심을 동시에 나로 청정무구하고 순
백무구하고 원만구족하게 원융무애하게
자유자재로 상주상락 상락아정 영생영락
으로 작용하여 쓰며 누린다.

나 자체로 내가 다로 열리어
유 보리심도 무 보리심도 없는 내가 유
보리심 무 보리심을 동시에 나로 청정무
구하고 순백무구하고 원만구족하게 원융
무애하게 자유자재로 상주상락 상락아정
영생영락으로 작용하여 쓰며 누린다.

나 자체로 내가 다로 열리어

유 복덕도 무 복덕도 없는 내가 유 복덕
무 복덕을 동시에 나로 청정무구하고 순
백무구하고 원만구족하게 원융무애하게
자유자재로 상주상락 상락아정 영생영락
으로 작용하여 쓰며 누린다.

나 자체로 내가 다로 열리어
유 지혜도 무 지혜도 없는 내가 유 지혜
무 지혜를 동시에 나로 청정무구하고 순
백무구하고 원만구족하게 원융무애하게
자유자재로 상주상락 상락아정 영생영락
으로 작용하여 쓰며 누린다.

나 자체로 내가 다로 열리어
유 공덕도 무공덕도 없는 내가 유 공덕 무
공덕을 동시에 나로 청정무구하고 순백무
구하고 원만구족하게 원융무애하게 자유
자재로 상주상락 상락아정 영생영락으로

작용하여 쓰며 누린다.

나 자체로 내가 다로 열리어
유 생멸도 무 생멸도 없는 내가 유 생멸
무 생멸을 동시에 나로 청정무구하고 순
백무구하고 원만구족하게 원융무애하게
자유자재로 상주상락 상락아정 영생영락
으로 작용하여 쓰며 누린다.

나 자체로 내가 다로 열리어
유 유무도 무 유무도 없는 내가 유 유무
무 유무를 동시에 나로 청정무구하고 순
백무구하고 원만구족하게 원융무애하게
자유자재로 상주상락 상락아정 영생영락
으로 작용하여 쓰며 누린다.

나 자체로 내가 다로 열리어
유 색공도 무 색공도 없는 내가 유 색공

무 색공을 동시에 나로 청정무구하고 순
백무구하고 원만구족하게 원융무애하게
자유자재로 상주상락 상락아정 영생영락
으로 작용하여 쓰며 누린다.

나 자체로 내가 다로 열리어
유 시공도 무 시공도 없는 내가 유 시공
무 시공을 동시에 나로 청정무구하고 순
백무구하고 원만구족하게 원융무애하게
자유자재로 상주상락 상락아정 영생영락
으로 작용하여 쓰며 누린다.

나 자체로 내가 다로 열리어
유 시종도 무 시종도 없는 내가 유 시종
무 시종을 동시에 나로 청정무구하고 순
백무구하고 원만구족하게 원융무애하게
자유자재로 상주상락 상락아정 영생영락
으로 작용하여 쓰며 누린다.

나 자체로 내가 다로 열리어
유 선악도 무 선악도 없는 내가 유 선악
무 선악을 동시에 나로 청정무구하고 순
백무구하고 원만구족하게 원융무애하게
자유자재로 상주상락 상락아정 영생영락
으로 작용하여 쓰며 누린다.

나 자체로 내가 다로 열리어
유 명암도 무 명암도 없는 내가 유 명암
무 명암을 동시에 나로 청정무구하고 순
백무구하고 원만구족하게 원융무애하게
자유자재로 상주상락 상락아정 영생영락
으로 작용하여 쓰며 누린다.

나 자체로 내가 다로 열리어
유 지불지도 무 지불지도 없는 내가 유
지불지 무 지불지를 동시에 나로 청정무
구하고 순백무구하고 원만구족하게 원융

무애하게 자유자재로 상주상락 상락아정
영생영락으로 작용하여 쓰며 누린다.

나 자체로 내가 다로 열리어
유 의불의도 무 의불의도 없는 내가 유
의불의 무 의불의를 동시에 나로 청정무
구하고 순백무구하고 원만구족하게 원융
무애하게 자유자재로 상주상락 상락아정
영생영락으로 작용하여 쓰며 누린다.

나 자체로 내가 다로 열리어
유 얻을 것도 무 얻을 것도 없는 내가 유
얻을 것 무 얻을 것을 동시에 나로 청정무
구하고 순백무구하고 원만구족하게 원융
무애하게 자유자재로 상주상락 상락아정
영생영락으로 작용하여 쓰며 누린다.

나 자체로 내가 다로 열리어

유 구함도 무 구함도 없는 내가 유 구함
무 구함을 동시에 나로 청정무구하고 순
백무구하고 원만구족하게 원융무애하게
자유자재로 상주상락 상락아정 영생영락
으로 작용하여 쓰며 누린다.

나 자체로 내가 다로 열리어
유 지킴도 무 지킴도 없는 내가 유 지킴
무 지킴을 동시에 나로 청정무구하고 순
백무구하고 원만구족하게 원융무애하게
자유자재로 상주상락 상락아정 영생영락
으로 작용하여 쓰며 누린다.

나 자체로 내가 다로 열리어
유 잃음도 무 잃음도 없는 내가 유 잃음
무 잃음을 동시에 나로 청정무구하고 순
백무구하고 원만구족하게 원융무애하게
자유자재로 상주상락 상락아정 영생영락

으로 작용하여 쓰며 누린다.

나 자체로 내가 다로 열리어
유 더함도 무 더함도 없는 내가 유 더함
무 더함을 동시에 나로 청정무구하고 순
백무구하고 원만구족하게 원융무애하게
자유자재로 상주상락 상락아정 영생영락
으로 작용하여 쓰며 누린다.

나 자체로 내가 다로 열리어
유 덜함도 무 덜함도 없는 내가 유 덜함
무 덜함을 동시에 나로 청정무구하고 순
백무구하고 원만구족하게 원융무애하게
자유자재로 상주상락 상락아정 영생영락
으로 작용하여 쓰며 누린다.

나 자체로 내가 다로 열리어
유 담음도 무 담음도 없는 내가 유 담음

무 담음을 동시에 나로 청정무구하고 순
백무구하고 원만구족하게 원융무애하게
자유자재로 상주상락 상락아정 영생영락
으로 작용하여 쓰며 누린다.

나 자체로 내가 다로 열리어
유 비움도 무 비움도 없는 내가 유 비움
무 비움을 동시에 나로 청정무구하고 순
백무구하고 원만구족하게 원융무애하게
자유자재로 상주상락 상락아정 영생영락
으로 작용하여 쓰며 누린다.

나 자체로 내가 다로 열리어
유 잡음도 무 잡음도 없는 내가 유 잡음
무 잡음을 동시에 나로 청정무구하고 순
백무구하고 원만구족하게 원융무애하게
자유자재로 상주상락 상락아정 영생영락
으로 작용하여 쓰며 누린다.

나 자체로 내가 다로 열리어
유 놓음도 무 놓음도 없는 내가 유 놓음
무 놓음을 동시에 나로 청정무구하고 순
백무구하고 원만구족하게 원융무애하게
자유자재로 상주상락 상락아정 영생영락
으로 작용하여 쓰며 누린다.

나 자체로 내가 다로 열리어
유 달림도 무 달림도 없는 내가 유 달림
무 달림을 동시에 나로 청정무구하고 순
백무구하고 원만구족하게 원융무애하게
자유자재로 상주상락 상락아정 영생영락
으로 작용하여 쓰며 누린다.

나 자체로 내가 다로 열리어
유 멈춤도 무 멈춤도 없는 내가 유 멈춤
무 멈춤을 동시에 나로 청정무구하고 순
백무구하고 원만구족하게 원융무애하게

자유자재로 상주상락 상락아정 영생영락
으로 작용하여 쓰며 누린다.

나 자체로 내가 다로 열리어
유 움직임도 무 움직임도 없는 내가 유 움
직임 무 움직임을 동시에 나로 청정무구하
고 순백무구하고 원만구족하게 원융무애
하게 자유자재로 상주상락 상락아정 영생
영락으로 작용하여 쓰며 누린다.

나 자체로 내가 다로 열리어
유 정지함도 무 정지함도 없는 내가 유 정
지함 무 정지함을 동시에 나로 청정무구하
고 순백무구하고 원만구족하게 원융무애
하게 자유자재로 상주상락 상락아정 영생
영락으로 작용하여 쓰며 누린다.

나 자체로 내가 다로 열리어

유 항상함도 무 항상함도 없는 내가 유 항상함 무 항상함을 동시에 나로 청정무구하고 순백무구하고 원만구족하게 원융무애하게 자유자재로 상주상락 상락아정 영생영락으로 작용하여 쓰며 누린다.

나 자체로 내가 다로 열리어
유 쉼도 무 쉼도 없는 내가 유 쉼 무 쉼을 동시에 나로 청정무구하고 순백무구하고 원만구족하게 원융무애하게 자유자재로 상주상락 상락아정 영생영락으로 작용하여 쓰며 누린다.

나 자체로 내가 다로 열리어
유 시끄러움도 무 시끄러움도 없는 내가 유 시끄러움 무 시끄러움을 동시에 나로 청정무구하고 순백무구하고 원만구족하게 원융무애하게 자유자재로 상주상락 상락아정 영생영락으로 작용하여 쓰며 누린다.

나 자체로 내가 다로 열리어
유 고요함도 무 고요함도 없는 내가 유 고요함 무 고요함을 동시에 나로 청정무구하고 순백무구하고 원만구족하게 원융무애하게 자유자재로 상주상락 상락아정 영생영락으로 작용하여 쓰며 누린다.

나 자체로 내가 다로 열리어
유 깨끗함도 무 깨끗함도 없는 내가 유 깨끗함 무 깨끗함을 동시에 나로 청정무구하고 순백무구하고 원만구족하게 원융무애하게 자유자재로 상주상락 상락아정 영생영락으로 작용하여 쓰며 누린다.

나 자체로 내가 다로 열리어
유 더러움도 무 더러움도 없는 내가 유 더

러움 무 더러움을 동시에 나로 청정무구하고 순백무구하고 원만구족하게 원융무애하게 자유자재로 상주상락 상락아정 영생영락으로 작용하여 쓰며 누린다.

나 자체로 내가 다로 열리어
유 맑음도 무 맑음도 없는 내가 유 맑음 무 맑음을 동시에 나로 청정무구하고 순백무구하고 원만구족하게 원융무애하게 자유자재로 상주상락 상락아정 영생영락으로 작용하여 쓰며 누린다.

나 자체로 내가 다로 열리어
유 흐림도 무 흐림도 없는 내가 유 흐림 무 흐림을 동시에 나로 청정무구하고 순백무구하고 원만구족하게 원융무애하게 자유자재로 상주상락 상락아정 영생영락으로 작용하여 쓰며 누린다.

나 자체로 내가 다로 열리어
유 내외도 무 내외도 없는 내가 유 내외
무 내외를 동시에 나로 청정무구하고 순
백무구하고 원만구족하게 원융무애하게
자유자재로 상주상락 상락아정 영생영락
으로 작용하여 쓰며 누린다.

나 자체로 내가 다로 열리어
유 좌우도 무 좌우도 없는 내가 유 좌우
무 좌우를 동시에 나로 청정무구하고 순
백무구하고 원만구족하게 원융무애하게
자유자재로 상주상락 상락아정 영생영락
으로 작용하여 쓰며 누린다.

나 자체로 내가 다로 열리어
유 전후도 무 전후도 없는 내가 유 전후
무 전후를 동시에 나로 청정무구하고 순
백무구하고 원만구족하게 원융무애하게

자유자재로 상주상락 상락아정 영생영락
으로 작용하여 쓰며 누린다.

나 자체로 내가 다로 열리어
유 상하도 무 상하도 없는 내가 유 상하
무 상하를 동시에 나로 청정무구하고 순
백무구하고 원만구족하게 원융무애하게
자유자재로 상주상락 상락아정 영생영락
으로 작용하여 쓰며 누린다.

나 자체로 내가 다로 열리어
유 동서도 무 동서도 없는 내가 유 동서
무 동서를 동시에 나로 청정무구하고 순
백무구하고 원만구족하게 원융무애하게
자유자재로 상주상락 상락아정 영생영락
으로 작용하여 쓰며 누린다.

나 자체로 내가 다로 열리어

유 남북도 무 남북도 없는 내가 유 남북 무 남북을 동시에 나로 청정무구하고 순백무구하고 원만구족하게 원융무애하게 자유자재로 상주상락 상락아정 영생영락으로 작용하여 쓰며 누린다.

나 자체로 내가 다로 열리어
유 유주무주도 무 유주무주도 없는 내가 유 유주무주 무 유주무주를 동시에 나로 청정무구하고 순백무구하고 원만구족하게 원융무애하게 자유자재로 상주상락 상락아정 영생영락으로 작용하여 쓰며 누린다.

나 자체로 내가 다로 열리어
유 유염무염도 무 유염무염도 없는 내가 유 유염무염 무 유염무염을 동시에 나로 청정무구하고 순백무구하고 원만구족하게 원융무애하게 자유자재로 상주상락 상락아정 영생영락으로 작용하여 쓰며 누린다.

나 자체로 내가 다로 열리어
유 미오도 무 미오도 없는 내가 유 미오 무 미오를 동시에 나로 청정무구하고 순백무구하고 원만구족하게 원융무애하게 자유자재로 상주상락 상락아정 영생영락으로 작용하여 쓰며 누린다.

나 자체로 내가 다로 열리어
유 고집멸도도 무 고집멸도도 없는 내가 유 고집멸도 무 고집멸도를 동시에 나로 청정무구하고 순백무구하고 원만구족하게 원융무애하게 자유자재로 상주상락 상락아정 영생영락으로 작용하여 쓰며 누린다.

나 자체로 내가 다로 열리어
유 계정혜도 무 계정혜도 없는 내가 유

계정혜 무 계정혜를 동시에 나로 청정무구하고 순백무구하고 원만구족하게 원융무애하게 자유자재로 상주상락 상락아정 영생영락으로 작용하여 쓰며 누린다.

나 자체로 내가 다로 열리어
유 육바라밀도 무 육바라밀도 없는 내가 유 육바라밀 무 육바라밀을 동시에 나로 청정무구하고 순백무구하고 원만구족하게 원융무애하게 자유자재로 상주상락 상락아정 영생영락으로 작용하여 쓰며 누린다.

나 자체로 내가 다로 열리어
유 팔정도도 무 팔정도도 없는 내가 유 팔정도 무 팔정도를 동시에 나로 청정무구하고 순백무구하고 원만구족하게 원융무애하게 자유자재로 상주상락 상락아정 영생영락으로 작용하여 쓰며 누린다.

나 자체로 내가 다로 열리어
유 삼십칠조도품도 무 삼십칠조도품도 없
는 내가 유 삼십칠조도품 무 삼십칠조도
품을 동시에 나로 청정무구하고 순백무구
하고 원만구족하게 원융무애하게 자유자
재로 상주상락 상락아정 영생영락으로 작
용하여 쓰며 누린다.

나 자체로 내가 다로 열리어
유 성소작지도 무 성소작지도 없는 내가
유 성소작지 무 성소작지를 동시에 나로
청정무구하고 순백무구하고 원만구족하게
원융무애하게 자유자재로 상주상락 상락
아정 영생영락으로 작용하여 쓰며 누린다.

나 자체로 내가 다로 열리어
유 묘관찰지도 무 묘관찰지도 없는 내가
유 묘관찰지 무 묘관찰지를 동시에 나로

청정무구하고 순백무구하고 원만구족하게
원융무애하게 자유자재로 상주상락 상락
아정 영생영락으로 작용하여 쓰며 누린다.

나 자체로 내가 다로 열리어
유 평등성지도 무 평등성지도 없는 내가
유 평등성지 무 평등성지를 동시에 나로
청정무구하고 순백무구하고 원만구족하게
원융무애하게 자유자재로 상주상락 상락
아정 영생영락으로 작용하여 쓰며 누린다.

나 자체로 내가 다로 열리어
유 대원경지도 무 대원경지도 없는 내가
유 대원경지 무 대원경지를 동시에 나로
청정무구하고 순백무구하고 원만구족하게
원융무애하게 자유자재로 상주상락 상락
아정 영생영락으로 작용하여 쓰며 누린다.

나 자체로 내가 다로 열리어
유 각성광영도 무 각성광영도 없는 내가
유 각성광영 무 각성광영을 동시에 나로
청정무구하고 순백무구하고 원만구족하게
원융무애하게 자유자재로 상주상락 상락
아정 영생영락으로 작용하여 쓰며 누린다.

나 자체로 내가 다로 열리어
유 울울창창도 무 울울창창도 없는 내가
유 울울창창 무 울울창창을 동시에 나로
청정무구하고 순백무구하고 원만구족하게
원융무애하게 자유자재로 상주상락 상락
아정 영생영락으로 작용하여 쓰며 누린다.

나 자체로 내가 다로 열리어
유 창창울울도 무 창창울울도 없는 내가
유 창창울울 무 창창울울을 동시에 나로
청정무구하고 순백무구하고 원만구족하게

원융무애하게 자유자재로 상주상락 상락
아정 영생영락으로 작용하여 쓰며 누린다.

나 자체로 내가 다로 열리어
유 활할창창도 무 활할창창도 없는 내가
유 활할창창 무 활할창창을 동시에 나로
청정무구하고 순백무구하고 원만구족하게
원융무애하게 자유자재로 상주상락 상락
아정 영생영락으로 작용하여 쓰며 누린다.

나 자체로 내가 다로 열리어
유 활활울울도 무 활활울울도 없는 내가
유 활활울울 무 활활울울을 동시에 나로
청정무구하고 순백무구하고 원만구족하게
원융무애하게 자유자재로 상주상락 상락
아정 영생영락으로 작용하여 쓰며 누린다.

나 자체로 내가 다로 열리어

유 활활천하도 무 활활천하도 없는 내가
유 활활천하 무 활활천하를 동시에 나로
청정무구하고 순백무구하고 원만구족하게
원융무애하게 자유자재로 상주상락 상락
아정 영생영락으로 작용하여 쓰며 누린다.

나 자체로 내가 다로 열리어
유 활활세상도 무 활활세상도 없는 내가
유 활활세상 무 활활세상을 동시에 나로
청정무구하고 순백무구하고 원만구족하게
원융무애하게 자유자재로 상주상락 상락
아정 영생영락으로 작용하여 쓰며 누린다.

나 자체로 내가 다로 열리어
유 활활세게도 무 활활세게도 없는 내가
유 활활세게 무 활활세게를 동시에 나로
청정무구하고 순백무구하고 원만구족하게
원융무애하게 자유자재로 상주상락 상락

아정 영생영락으로 작용하여 쓰며 누린다.

나 자체로 내가 다로 열리어
유 활활우주도 무 활활우주도 없는 내가
유 활활우주 무 활활우주를 동시에 나로
청정무구하고 순백무구하고 원만구족하게
원융무애하게 자유자재로 상주상락 상락
아정 영생영락으로 작용하여 쓰며 누린다.

나 자체로 내가 다로 열리어
유 활활법계도 무 활활법계도 없는 내가
유 활활법계 무 활활법계를 동시에 나로
청정무구하고 순백무구하고 원만구족하게
원융무애하게 자유자재로 상주상락 상락
아정 영생영락으로 작용하여 쓰며 누린다.

나 자체로 내가 다로 열리어
유 상주상락도 무 상주상락도 없는 내가

유 상주상락 무 상주상락을 동시에 나로
청정무구하고 순백무구하고 원만구족하게
원융무애하게 자유자재로 상주상락 상락
아정 영생영락으로 작용하여 쓰며 누린다.

나 자체로 내가 다로 열리어
유 상락아정도 무 상락아정도 없는 내가
유 상락아정 무 상락아정을 동시에 나로
청정무구하고 순백무구하고 원만구족하게
원융무애하게 자유자재로 상주상락 상락
아정 영생영락으로 작용하여 쓰며 누린다.

나 자체로 내가 다로 열리어
유 자아자락도 무 자아자락도 없는 내가
유 자아자락 무 자아자락을 동시에 나로
청정무구하고 순백무구하고 원만구족하게
원융무애하게 자유자재로 상주상락 상락
아정 영생영락으로 작용하여 쓰며 누린다.

나 자체로 내가 다로 열리어
유 자성자락도 무 자성자락도 없는 내가
유 자성자락 무 자성자락을 동시에 나로
청정무구하고 순백무구하고 원만구족하게
원융무애하게 자유자재로 상주상락 상락
아정 영생영락으로 작용하여 쓰며 누린다.

나 자체로 내가 다로 열리어
유 자견자락도 무 자견자락도 없는 내가
유 자견자락 무 자견자락을 동시에 나로
청정무구하고 순백무구하고 원만구족하게
원융무애하게 자유자재로 상주상락 상락
아정 영생영락으로 작용하여 쓰며 누린다.

나 자체로 내가 다로 열리어
유 자각자락도 무 자각자락도 없는 내가
유 자각자락 무 자각자락을 동시에 나로
청정무구하고 순백무구하고 원만구족하게

원융무애하게 자유자재로 상주상락 상락
아정 영생영락으로 작용하여 쓰며 누린다.

나 자체로 내가 다로 열리어
유 자증자락도 무 자증자락도 없는 내가
유 자증자락 무 자증자락을 동시에 나로
청정무구하고 순백무구하고 원만구족하게
원융무애하게 자유자재로 상주상락 상락
아정 영생영락으로 작용하여 쓰며 누린다.

나 자체로 내가 다로 열리어
유 자인자락도 무 자인자락도 없는 내가
유 자인자락 무 자인자락을 동시에 나로
청정무구하고 순백무구하고 원만구족하게
원융무애하게 자유자재로 상주상락 상락
아정 영생영락으로 작용하여 쓰며 누린다.

나 자체로 내가 다로 열리어

유 자직자락도 무 자직자락도 없는 내가
유 자직자락 무 자직자락을 동시에 나로
청정무구하고 순백무구하고 원만구족하게
원융무애하게 자유자재로 상주상락 상락
아정 영생영락으로 작용하여 쓰며 누린다.

나 자체로 내가 다로 열리어
유 자즉자락도 무 자즉자락도 없는 내가
유 자즉자락 무 자즉자락을 동시에 나로
청정무구하고 순백무구하고 원만구족하게
원융무애하게 자유자재로 상주상락 상락
아정 영생영락으로 작용하여 쓰며 누린다.

나 자체로 내가 다로 열리어
유 자작자락도 무 자작자락도 없는 내가
유 자작자락 무 자작자락을 동시에 나로
청정무구하고 순백무구하고 원만구족하게
원융무애하게 자유자재로 상주상락 상락

아정 영생영락으로 작용하여 쓰며 누린다.

나 자체로 내가 다로 열리어
유 자행자락도 무 자행자락도 없는 내가
유 자행자락 무 자행자락을 동시에 나로
청정무구하고 순백무구하고 원만구족하게
원융무애하게 자유자재로 상주상락 상락
아정 영생영락으로 작용하여 쓰며 누린다.

나 자체로 내가 다로 열리어
유 자음자락도 무 자음자락도 없는 내가
유 자음자락 무 자음자락을 동시에 나로
청정무구하고 순백무구하고 원만구족하게
원융무애하게 자유자재로 상주상락 상락
아정 영생영락으로 작용하여 쓰며 누린다.

나 자체로 내가 다로 열리어
유 자홍자락도 무 자홍자락도 없는 내가

유 자홍자락 무 자홍자락을 동시에 나로
청정무구하고 순백무구하고 원만구족하게
원융무애하게 자유자재로 상주상락 상락
아정 영생영락으로 작용하여 쓰며 누린다.

나 자체로 내가 다로 열리어
유 자현자락도 무 자현자락도 없는 내가
유 자현자락 무 자현자락을 동시에 나로
청정무구하고 순백무구하고 원만구족하게
원융무애하게 자유자재로 상주상락 상락
아정 영생영락으로 작용하여 쓰며 누린다.

나 자체로 내가 다로 열리어
유 자여자락도 무 자여자락도 없는 내가
유 자여자락 무 자여자락을 동시에 나로
청정무구하고 순백무구하고 원만구족하게
원융무애하게 자유자재로 상주상락 상락
아정 영생영락으로 작용하여 쓰며 누린다.

나 자체로 내가 다로 열리어
유 자정자락도 무 자정자락도 없는 내가
유 자정자락 무 자정자락을 동시에 나로
청정무구하고 순백무구하고 원만구족하게
원융무애하게 자유자재로 상주상락 상락
아정 영생영락으로 작용하여 쓰며 누린다.

나 자체로 내가 다로 열리어
유 자진자락도 무 자진자락도 없는 내가
유 자진자락 무 자진자락을 동시에 나로
청정무구하고 순백무구하고 원만구족하게
원융무애하게 자유자재로 상주상락 상락
아정 영생영락으로 작용하여 쓰며 누린다.

나 자체로 내가 다로 열리어
유 자의자락도 무 자의자락도 없는 내가
유 자의자락 무 자의자락을 동시에 나로
청정무구하고 순백무구하고 원만구족하게

원융무애하게 자유자재로 상주상락 상락
아정 영생영락으로 작용하여 쓰며 누린다.

나 자체로 내가 다로 열리어
유 자지자락도 무 자지자락도 없는 내가
유 자지자락 무 자지자락을 동시에 나로
청정무구하고 순백무구하고 원만구족하게
원융무애하게 자유자재로 상주상락 상락
아정 영생영락으로 작용하여 쓰며 누린다.

나 자체로 내가 다로 열리어
유 자혜자락도 무 자혜자락도 없는 내가
유 자혜자락 무 자혜자락을 동시에 나로
청정무구하고 순백무구하고 원만구족하게
원융무애하게 자유자재로 상주상락 상락
아정 영생영락으로 작용하여 쓰며 누린다.

나 자체로 내가 다로 열리어

유 자예자락도 무 자예자락도 없는 내가
유 자예자락 무 자예자락을 동시에 나로
청정무구하고 순백무구하고 원만구족하게
원융무애하게 자유자재로 상주상락 상락
아정 영생영락으로 작용하여 쓰며 누린다.

나 자체로 내가 다로 열리어
유 자명자락도 무 자명자락도 없는 내가
유 자명자락 무 자명자락을 동시에 나로
청정무구하고 순백무구하고 원만구족하게
원융무애하게 자유자재로 상주상락 상락
아정 영생영락으로 작용하여 쓰며 누린다.

나 자체로 내가 다로 열리어
유 자광자락도 무 자광자락도 없는 내가
유 자광자락 무 자광자락을 동시에 나로
청정무구하고 순백무구하고 원만구족하게
원융무애하게 자유자재로 상주상락 상락

아정 영생영락으로 작용하여 쓰며 누린다.

나 자체로 내가 다로 열리어
유 자휘자락도 무 자휘자락도 없는 내가
유 자휘자락 무 자휘자락을 동시에 나로
청정무구하고 순백무구하고 원만구족하게
원융무애하게 자유자재로 상주상락 상락
아정 영생영락으로 작용하여 쓰며 누린다.

나 자체로 내가 다로 열리어
유 자통자락 무 자통자락도 없는 내가 유
자통자락 무 자통자락을 동시에 나로 청
정무구하고 순백무구하고 원만구족하게
원융무애하게 자유자재로 상주상락 상락
아정 영생영락으로 작용하여 쓰며 누린다.

나 자체로 내가 다로 열리어
유 자도자락도 무 자도자락도 없는 내가

유 자도자락 무 자도자락을 동시에 나로
청정무구하고 순백무구하고 원만구족하게
원융무애하게 자유자재로 상주상락 상락
아정 영생영락으로 작용하여 쓰며 누린다.

나 자체로 내가 다로 열리어
유 자법자락도 무 자법자락도 없는 내가
유 자법자락 무 자법자락을 동시에 나로
청정무구하고 순백무구하고 원만구족하게
원융무애하게 자유자재로 상주상락 상락
아정 영생영락으로 작용하여 쓰며 누린다.

나 자체로 내가 다로 열리어
유 자불자락도 무 자불자락도 없는 내가
유 자불자락 무 자불자락을 동시에 나로
청정무구하고 순백무구하고 원만구족하게
원융무애하게 자유자재로 상주상락 상락
아정 영생영락으로 작용하여 쓰며 누린다.

나 자체로 내가 다로 열리어
유 진여실상 무 진여실상도 없는 내가 유 진여실상 무 진여실상을 동시에 나로 청정무구하고 순백무구하고 원만구족하게 원융무애하게 자유자재로 상주상락 상락아정 영생영락으로 작용하여 쓰며 누린다.

나 자체로 내가 다로 열리어
유 삼매해탈도 무 삼매해탈도 없는 내가 유 삼매해탈 무 삼매해탈을 동시에 나로 청정무구하고 순백무구하고 원만구족하게 원융무애하게 자유자재로 상주상락 상락아정 영생영락으로 작용하여 쓰며 누린다.

나 자체로 내가 다로 열리어
유 열반묘심도 무 열반묘심도 없는 내가 유 열반묘심 무 열반묘심을 동시에 나로 청정무구하고 순백무구하고 원만구족하게

원융무애하게 자유자재로 상주상락 상락
아정 영생영락으로 작용하여 쓰며 누린다.

나 자체로 내가 다로 열리어
유 정법안장도 무 정법안장도 없는 내가
유 정법안장 무 정법안장을 동시에 나로
청정무구하고 순백무구하고 원만구족하게
원융무애하게 자유자재로 상주상락 상락
아정 영생영락으로 작용하여 쓰며 누린다.

나 자체로 내가 다로 열리어
유 돈오점수도 무 돈오점수도 없는 내가
유 돈오점수 무 돈오점수를 동시에 나로
청정무구하고 순백무구하고 원만구족하게
원융무애하게 자유자재로 상주상락 상락
아정 영생영락으로 작용하여 쓰며 누린다.

나 자체로 내가 다로 열리어

유 돈오돈수도 무 돈오돈수도 없는 내가
유 돈오돈수 무 돈오돈수를 동시에 나로
청정무구하고 순백무구하고 원만구족하게
원융무애하게 자유자재로 상주상락 상락
아정 영생영락으로 작용하여 쓰며 누린다.

나 자체로 내가 다로 열리어
유 본오본수도 무 본오본수도 없는 내가
유 본오본수 무 본오본수를 동시에 나로
청정무구하고 순백무구하고 원만구족하게
원융무애하게 자유자재로 상주상락 상락
아정 영생영락으로 작용하여 쓰며 누린다.

나 자체로 내가 다로 열리어
유 자오자수도 무 자오자수도 없는 내가
유 자오자수 무 자오자수를 동시에 나로
청정무구하고 순백무구하고 원만구족하게
원융무애하게 자유자재로 상주상락 상락

아정 영생영락으로 작용하여 쓰며 누린다.

나 자체로 내가 다로 열리어
유 동정일여도 무 동정일여도 없는 내가
유 동정일여 무 동정일여를 동시에 나로
청정무구하고 순백무구하고 원만구족하게
원융무애하게 자유자재로 상주상락 상락
아정 영생영락으로 작용하여 쓰며 누린다.

나 자체로 내가 다로 열리어
유 몽중일여도 무 몽중일여도 없는 내가
유 몽중일여 무 몽중일여를 동시에 나로
청정무구하고 순백무구하고 원만구족하게
원융무애하게 자유자재로 상주상락 상락
아정 영생영락으로 작용하여 쓰며 누린다.

나 자체로 내가 다로 열리어
유 숙면일여도 무 숙면일여도 없는 내가

유 숙면일여 무 숙면일여를 동시에 나로
청정무구하고 순백무구하고 원만구족하게
원융무애하게 자유자재로 상주상락 상락
아정 영생영락으로 작용하여 쓰며 누린다.

나 자체로 내가 다로 열리어
유 은산철벽도 무 은산철벽도 없는 내가
유 은산철벽 무 은산철벽을 동시에 나로
청정무구하고 순백무구하고 원만구족하게
원융무애하게 자유자재로 상주상락 상락
아정 영생영락으로 작용하여 쓰며 누린다.

나 자체로 내가 다로 열리어
유 타성일편도 무 타성일편도 없는 내가
유 타성일편 무 타성일편을 동시에 나로
청정무구하고 순백무구하고 원만구족하게
원융무애하게 자유자재로 상주상락 상락
아정 영생영락으로 작용하여 쓰며 누린다.

나 자체로 내가 다로 열리어
유 일편단심도 무 일편단심도 없는 내가
유 일편단심 무 일편단심을 동시에 나로
청정무구하고 순백무구하고 원만구족하게
원융무애하게 자유자재로 상주상락 상락
아정 영생영락으로 작용하여 쓰며 누린다.

나 자체로 내가 다로 열리어
유 오매일여도 무 오매일여도 없는 내가
유 오매일여 무 오매일여를 동시에 나로
청정무구하고 순백무구하고 원만구족하게
원융무애하게 자유자재로 상주상락 상락
아정 영생영락으로 작용하여 쓰며 누린다.

나 자체로 내가 다로 열리어
유 여여부동도 무 여여부동도 없는 내가
유 여여부동 무 여여부동을 동시에 나로
청정무구하고 순백무구하고 원만구족하게

원융무애하게 자유자재로 상주상락 상락
아정 영생영락으로 작용하여 쓰며 누린다.

나 자체로 내가 다로 열리어
유 내외명철도 무 내외명철도 없는 내가
유 내외명철 무 내외명철을 동시에 나로
청정무구하고 순백무구하고 원만구족하게
원융무애하게 자유자재로 상주상락 상락
아정 영생영락으로 작용하여 쓰며 누린다.

나 자체로 내가 다로 열리어
유 견오견수도 무 견오견수도 없는 내가
유 견오견수 무 견오견수를 동시에 나로
청정무구하고 순백무구하고 원만구족하게
원융무애하게 자유자재로 상주상락 상락
아정 영생영락으로 작용하여 쓰며 누린다.

나 자체로 내가 다로 열리어

유 확철대오도 무 확철대오도 없는 내가
유 확철대오 무 확철대오를 동시에 나로
청정무구하고 순백무구하고 원만구족하게
원융무애하게 자유자재로 상주상락 상락
아정 영생영락으로 작용하여 쓰며 누린다.

나 자체로 내가 다로 열리어
유 증오증수도 무 증오증수도 없는 내가
유 증오증수 무 증오증수를 동시에 나로
청정무구하고 순백무구하고 원만구족하게
원융무애하게 자유자재로 상주상락 상락
아정 영생영락으로 작용하여 쓰며 누린다.

나 자체로 내가 다로 열리어
유 견성성불도 무 견성성불도 없는 내가
유 견성성불 무 견성성불을 동시에 나로
청정무구하고 순백무구하고 원만구족하게
원융무애하게 자유자재로 상주상락 상락

아정 영생영락으로 작용하여 쓰며 누린다.

나 자체로 내가 다로 열리어
유 본래본불도 무 본래본불도 없는 내가
유 본래본불 무 본래본불을 동시에 나로
청정무구하고 순백무구하고 원만구족하게
원융무애하게 자유자재로 상주상락 상락
아정 영생영락으로 작용하여 쓰며 누린다.

나 자체로 내가 다로 열리어
유 처처안락도 무 처처안락도 없는 내가
유 처처안락 무 처처안락을 동시에 나로
청정무구하고 순백무구하고 원만구족하게
원융무애하게 자유자재로 상주상락 상락
아정 영생영락으로 작용하여 쓰며 누린다.

나 자체로 내가 다로 열리어
유 유생도 무 유생도 없는 내가 유 유생

무 유생을 동시에 나로 청정무구하고 순백무구하고 원만구족하게 원융무애하게 자유자재로 상주상락 상락아정 영생영락으로 작용하여 쓰며 누린다.

나 자체로 내가 다로 열리어
유 유정도 무 유정도 없는 내가 유 유정 무 유정을 동시에 나로 청정무구하고 순백무구하고 원만구족하게 원융무애하게 자유자재로 상주상락 상락아정 영생영락으로 작용하여 쓰며 누린다.

나 자체로 내가 다로 열리어
유 범부성인도 무 범부성인도 없는 내가 유 범부성인 무 범부성인을 동시에 나로 청정무구하고 순백무구하고 원만구족하게 원융무애하게 자유자재로 상주상락 상락아정 영생영락으로 작용하여 쓰며 누린다.

나 자체로 내가 다로 열리어
유 중생부처도 무 중생부처도 없는 내가
유 중생부처 무 중생부처를 동시에 나로
청정무구하고 순백무구하고 원만구족하게
원융무애하게 자유자재로 상주상락 상락
아정 영생영락으로 작용하여 쓰며 누린다.

나 자체로 내가 다로 열리어
유 이념사상도 무 이념사상도 없는 내가
유 이념사상 무 이념사상을 동시에 나로
청정무구하고 순백무구하고 원만구족하게
원융무애하게 자유자재로 상주상락 상락
아정 영생영락으로 작용하여 쓰며 누린다.

나 자체로 내가 다로 열리어
유 진보보수도 무 진보보수도 없는 내가
유 진보보수 무 진보보수를 동시에 나로
청정무구하고 순백무구하고 원만구족하게

원융무애하게 자유자재로 상주상락 상락아정 영생영락으로 작용하여 쓰며 누린다.

나 자체로 내가 다로 열리어
유 종교 신앙도 무 종교 신앙도 없는 내가 유 종교 신앙 무 종교 신앙을 동시에 나로 청정무구하고 순백무구하고 원만구족하게 원융무애하게 자유자재로 상주상락 상락아정 영생영락으로 작용하여 쓰며 누린다.

나 자체로 내가 다로 열리어
유 문명문화도 무 문명문화도 없는 내가 유 문명문화 무 문명문화를 동시에 나로 청정무구하고 순백무구하고 원만구족하게 원융무애하게 자유자재로 상주상락 상락아정 영생영락으로 작용하여 쓰며 누린다.

나 자체로 내가 다로 열리어
유 연기도 무 연기도 없는 내가 유 연기 무 연기를 동시에 나로 청정무구하고 순백무구하고 원만구족하게 원융무애하게 자유자재로 상주상락 상락아정 영생영락으로 작용하여 쓰며 누린다.

나 자체로 내가 다로 열리어
유 상연도 무 상연도 없는 내가 유 상연 무 상연을 동시에 나로 청정무구하고 순백무구하고 원만구족하게 원융무애하게 자유자재로 상주상락 상락아정 영생영락으로 작용하여 쓰며 누린다.

나 자체로 내가 다로 열리어
유 상생도 무 상생도 없는 내가 유 상생 무 상생을 동시에 나로 청정무구하고 순백무구하고 원만구족하게 원융무애하게 자유자재로 상주상락 상락아정 영생영락으로 작용하여 쓰며 누린다.

나 자체로 내가 다로 열리어
유 중도도 무 중도도 없는 내가 유 중도 무 중도를 동시에 나로 청정무구하고 순백무구하고 원만구족하게 원융무애하게 자유자재로 상주상락 상락아정 영생영락으로 작용하여 쓰며 누린다.

나 자체로 내가 다로 열리어
유 공존도 무 공존도 없는 내가 유 공존 무 공존을 동시에 나로 청정무구하고 순백무구하고 원만구족하게 원융무애하게 자유자재로 상주상락 상락아정 영생영락으로 작용하여 쓰며 누린다.

나 자체로 내가 다로 열리어

유 여현도 무 여현도 없는 내가 유 여현 무 여현을 동시에 나로 청정무구하고 순백무구하고 원만구족하게 원융무애하게 자유자재로 상주상락 상락아정 영생영락으로 작용하여 쓰며 누린다.

나 자체로 내가 다로 열리어
유 인과도 무 인과도 없는 내가 유 인과 무 인과를 동시에 나로 청정무구하고 순백무구하고 원만구족하게 원융무애하게 자유자재로 상주상락 상락아정 영생영락으로 작용하여 쓰며 누린다.

나 자체로 내가 다로 열리어
유 응보도 무 응보도 없는 내가 유 응보 무 응보를 동시에 나로 청정무구하고 순백무구하고 원만구족하게 원융무애하게 자유자재로 상주상락 상락아정 영생영락으로 작용하여 쓰며 누린다.

나 자체로 내가 다로 열리어
유 육도도 무 육도도 없는 내가 유 육도 무 육도를 동시에 나로 청정무구하고 순백무구하고 원만구족하게 원융무애하게 자유자재로 상주상락 상락아정 영생영락으로 작용하여 쓰며 누린다.

나 자체로 내가 다로 열리어
유 윤회도 무 윤회도 없는 내가 유 윤회 무 윤회를 동시에 나로 청정무구하고 순백무구하고 원만구족하게 원융무애하게 자유자재로 상주상락 상락아정 영생영락으로 작용하여 쓰며 누린다.

나 자체로 내가 다로 열리어
유 삼세도 무 삼세도 없는 내가 유 삼세

무 삼세를 동시에 나로 청정무구하고 순
백무구하고 원만구족하게 원융무애하게
자유자재로 상주상락 상락아정 영생영락
으로 작용하여 쓰며 누린다.

나 자체로 내가 다로 열리어
유 삼계도 무 삼계도 없는 내가 유 삼계
무 삼계를 동시에 나로 청정무구하고 순
백무구하고 원만구족하게 원융무애하게
자유자재로 상주상락 상락아정 영생영락
으로 작용하여 쓰며 누린다.

나 자체로 내가 다로 열리어
유 시방도 무 시방도 없는 내가 유 시방
무 시방을 동시에 나로 청정무구하고 순
백무구하고 원만구족하게 원융무애하게
자유자재로 상주상락 상락아정 영생영락
으로 작용하여 쓰며 누린다.

나 자체로 내가 다로 열리어
유 세상도 무 세상도 없는 내가 유 세상 무 세상을 동시에 나로 청정무구하고 순백무구하고 원만구족하게 원융무애하게 자유자재로 상주상락 상락아정 영생영락으로 작용하여 쓰며 누린다.

나 자체로 내가 다로 열리어
유 삼천대천세계도 무 삼천대천세계도 없는 내가 유 삼천대천세계 무 삼천대천세계를 동시에 나로 청정무구하고 순백무구하고 원만구족하게 원융무애하게 자유자재로 상주상락 상락아정 영생영락으로 작용하여 쓰며 누린다.

나 자체로 내가 다로 열리어
유 법계도 무 법계도 없는 내가 유 법계 무 법계를 동시에 나로 청정무구하고 순백무구하고 원만구족하게 원융무애하게 자유자재로 상주상락 상락아정 영생영락으로 작용하여 쓰며 누린다.

나 자체로 내가 다로 열리어
유 수다원도 무 수다원도 없는 내가 유 수다원 무 수다원을 동시에 나로 청정무구하고 순백무구하고 원만구족하게 원융무애하게 자유자재로 상주상락 상락아정 영생영락으로 작용하여 쓰며 누린다.

나 자체로 내가 다로 열리어
유 사다함도 무 사다함도 없는 내가 유 사다함 무 사다함을 동시에 나로 청정무구하고 순백무구하고 원만구족하게 원융무애하게 자유자재로 상주상락 상락아정 영생영락으로 작용하여 쓰며 누린다.

나 자체로 내가 다로 열리어
유 아나함도 무 아나함도 없는 내가 유
아나함 무 아나함을 동시에 나로 청정무
구하고 순백무구하고 원만구족하게 원융
무애하게 자유자재로 상주상락 상락아정
영생영락으로 작용하여 쓰며 누린다.

나 자체로 내가 다로 열리어
유 아라한도 무 아라한도 없는 내가 유
아라한 무 아라한을 동시에 나로 청정무
구하고 순백무구하고 원만구족하게 원융
무애하게 자유자재로 상주상락 상락아정
영생영락으로 작용하여 쓰며 누린다.

나 자체로 내가 다로 열리어
유 여래도 무 여래도 없는 내가 유 여래
무 여래를 동시에 나로 청정무구하고 순
백무구하고 원만구족하게 원융무애하게

자유자재로 상주상락 상락아정 영생영락
으로 작용하여 쓰며 누린다.

나 자체로 내가 다로 열리어
유 신심도 무 신심도 없는 내가 유 신심
무 신심을 동시에 나로 청정무구하고 순
백무구하고 원만구족하게 원융무애하게
자유자재로 상주상락 상락아정 영생영락
으로 작용하여 쓰며 누린다.

나 자체로 내가 다로 열리어
유 사대도 무 사대도 없는 내가 유 사대
무 사대를 동시에 나로 청정무구하고 순
백무구하고 원만구족하게 원융무애하게
자유자재로 상주상락 상락아정 영생영락
으로 작용하여 쓰며 누린다.

나 자체로 내가 다로 열리어

유 오온도 무 오온도 없는 내가 유 오온
무 오온을 동시에 나로 청정무구하고 순
백무구하고 원만구족하게 원융무애하게
자유자재로 상주상락 상락아정 영생영락
으로 작용하여 쓰며 누린다.

나 자체로 내가 다로 열리어
유 육신도 무 육신도 없는 내가 유 육신
무 육신을 동시에 나로 청정무구하고 순
백무구하고 원만구족하게 원융무애하게
자유자재로 상주상락 상락아정 영생영락
으로 작용하여 쓰며 누린다.

나 자체로 내가 다로 열리어
유 육근도 무 육근도 없는 내가 유 육근
무 육근을 동시에 나로 청정무구하고 순
백무구하고 원만구족하게 원융무애하게
자유자재로 상주상락 상락아정 영생영락

으로 작용하여 쓰며 누린다.

나 자체로 내가 다로 열리어
유 육식도 무 육식도 없는 내가 유 육식
무 육식을 동시에 나로 청정무구하고 순
백무구하고 원만구족하게 원융무애하게
자유자재로 상주상락 상락아정 영생영락
으로 작용하여 쓰며 누린다.

나 자체로 내가 다로 열리어
유 의식도 무 의식도 없는 내가 유 의식
무 의식을 동시에 나로 청정무구하고 순
백무구하고 원만구족하게 원융무애하게
자유자재로 상주상락 상락아정 영생영락
으로 작용하여 쓰며 누린다.

나 자체로 내가 다로 열리어
유 잠재의식도 무 잠재의식도 없는 내가

유 잠재의식 무 잠재의식을 동시에 나로 청정무구하고 순백무구하고 원만구족하게 원융무애하게 자유자재로 상주상락 상락아정 영생영락으로 작용하여 쓰며 누린다.

나 자체로 내가 다로 열리어
유 무의식도 무 무의식도 없는 내가 유 무의식 무 무의식을 동시에 나로 청정무구하고 순백무구하고 원만구족하게 원융무애하게 자유자재로 상주상락 상락아정 영생영락으로 작용하여 쓰며 누린다.

나 자체로 내가 다로 열리어
유 본적영지도 무 본적영지도 없는 내가 유 본적영지 무 본적영지를 동시에 나로 청정무구하고 순백무구하고 원만구족하게 원융무애하게 자유자재로 상주상락 상락아정 영생영락으로 작용하여 쓰며 누린다.

나 자체로 내가 다로 열리어
유 영성영각도 무 영성영각도 없는 내가
유 영성영각 무 영성영각을 동시에 나로
청정무구하고 순백무구하고 원만구족하게
원융무애하게 자유자재로 상주상락 상락
아정 영생영락으로 작용하여 쓰며 누린다.

나 자체로 내가 다로 열리어
유 숙명통도 무 숙명통도 없는 내가 유 숙
명통 무 숙명통을 동시에 나로 청정무구하
고 순백무구하고 원만구족하게 원융무애
하게 자유자재로 상주상락 상락아정 영생
영락으로 작용하여 쓰며 누린다.

나 자체로 내가 다로 열리어
유 타심통도 무 타심통도 없는 내가 유 타
심통 무 타심통을 동시에 나로 청정무구하
고 순백무구하고 원만구족하게 원융무애

하게 자유자재로 상주상락 상락아정 영생
영락으로 작용하여 쓰며 누린다.

나 자체로 내가 다로 열리어
유 천안통도 무 천안통도 없는 내가 유 천
안통 무 천안통을 동시에 나로 청정무구하
고 순백무구하고 원만구족하게 원융무애
하게 자유자재로 상주상락 상락아정 영생
영락으로 작용하여 쓰며 누린다.

나 자체로 내가 다로 열리어
유 천이통도 무 천이통도 없는 내가 유 천
이통 무 천이통을 동시에 나로 청정무구하
고 순백무구하고 원만구족하게 원융무애
하게 자유자재로 상주상락 상락아정 영생
영락으로 작용하여 쓰며 누린다.

나 자체로 내가 다로 열리어

유 신족통도 무 신족통도 없는 내가 유 신족통 무 신족통을 동시에 나로 청정무구하고 순백무구하고 원만구족하게 원융무애하게 자유자재로 상주상락 상락아정 영생영락으로 작용하여 쓰며 누린다.

나 자체로 내가 다로 열리어
유 누진통도 무 누진통도 없는 내가 유 누진통 무 누진통을 동시에 나로 청정무구하고 순백무구하고 원만구족하게 원융무애하게 자유자재로 상주상락 상락아정 영생영락으로 작용하여 쓰며 누린다.

나 자체로 내가 다로 열리어
유 육신통도 무 육신통도 없는 내가 유 육신통 무 육신통을 동시에 나로 청정무구하고 순백무구하고 원만구족하게 원융무애하게 자유자재로 상주상락 상락아정 영생영락으로 작용하여 쓰며 누린다.

나 자체로 내가 다로 열리어
유 천안도 무 천안도 없는 내가 유 천안
무 천안을 동시에 나로 청정무구하고 순
백무구하고 원만구족하게 원융무애하게
자유자재로 상주상락 상락아정 영생영락
으로 작용하여 쓰며 누린다.

나 자체로 내가 다로 열리어
유 육안도 무 육안도 없는 내가 유 육안
무 육안을 동시에 나로 청정무구하고 순
백무구하고 원만구족하게 원융무애하게
자유자재로 상주상락 상락아정 영생영락
으로 작용하여 쓰며 누린다.

나 자체로 내가 다로 열리어
유 심안도 무 심안도 없는 내가 유 심안

무 심안을 동시에 나로 청정무구하고 순
백무구하고 원만구족하게 원융무애하게
자유자재로 상주상락 상락아정 영생영락
으로 작용하여 쓰며 누린다.

나 자체로 내가 다로 열리어
유 혜안도 무 혜안도 없는 내가 유 혜안
무 혜안을 동시에 나로 청정무구하고 순
백무구하고 원만구족하게 원융무애하게
자유자재로 상주상락 상락아정 영생영락
으로 작용하여 쓰며 누린다.

나 자체로 내가 다로 열리어
유 도안도 무 도안도 없는 내가 유 도안
무 도안을 동시에 나로 청정무구하고 순
백무구하고 원만구족하게 원융무애하게
자유자재로 상주상락 상락아정 영생영락
으로 작용하여 쓰며 누린다.

나 자체로 내가 다로 열리어
유 법안도 무 법안도 없는 내가 유 법안
무 법안을 동시에 나로 청정무구하고 순
백무구하고 원만구족하게 원융무애하게
자유자재로 상주상락 상락아정 영생영락
으로 작용하여 쓰며 누린다.

나 자체로 내가 다로 열리어
유 불안도 무 불안도 없는 내가 유 불안
무 불안을 동시에 나로 청정무구하고 순
백무구하고 원만구족하게 원융무애하게
자유자재로 상주상락 상락아정 영생영락
으로 작용하여 쓰며 누린다.

나 자체로 내가 다로 열리어
유 십신도 무 십신도 없는 내가 유 십신
무 십신을 동시에 나로 청정무구하고 순
백무구하고 원만구족하게 원융무애하게

자유자재로 상주상락 상락아정 영생영락
으로 작용하여 쓰며 누린다.

나 자체로 내가 다로 열리어
유 십주도 무 십주도 없는 내가 유 십주
무 십주를 동시에 나로 청정무구하고 순
백무구하고 원만구족하게 원융무애하게
자유자재로 상주상락 상락아정 영생영락
으로 작용하여 쓰며 누린다.

나 자체로 내가 다로 열리어
유 십행도 무 십행도 없는 내가 유 십행
무 십행을 동시에 나로 청정무구하고 순
백무구하고 원만구족하게 원융무애하게
자유자재로 상주상락 상락아정 영생영락
으로 작용하여 쓰며 누린다.

나 자체로 내가 다로 열리어

유 십회향도 무 십회향도 없는 내가 유 십회향 무 십회향을 동시에 나로 청정무구하고 순백무구하고 원만구족하게 원융무애하게 자유자재로 상주상락 상락아정 영생영락으로 작용하여 쓰며 누린다.

나 자체로 내가 다로 열리어
유 십지도 무 십지도 없는 내가 유 십지 무 십지를 동시에 나로 청정무구하고 순백무구하고 원만구족하게 원융무애하게 자유자재로 상주상락 상락아정 영생영락으로 작용하여 쓰며 누린다.

나 자체로 내가 다로 열리어
유 심통도 무 심통도 없는 내가 유 심통 무 심통을 동시에 나로 청정무구하고 순백무구하고 원만구족하게 원융무애하게 자유자재로 상주상락 상락아정 영생영락으로 작용하여 쓰며 누린다.

나 자체로 내가 다로 열리어
유 념통도 무 념통도 없는 내가 유 념통
무 념통을 동시에 나로 청정무구하고 순
백무구하고 원만구족하게 원융무애하게
자유자재로 상주상락 상락아정 영생영락
으로 작용하여 쓰며 누린다.

나 자체로 내가 다로 열리어
유 감통도 무 감통도 없는 내가 유 감통
무 감통을 동시에 나로 청정무구하고 순
백무구하고 원만구족하게 원융무애하게
자유자재로 상주상락 상락아정 영생영락
으로 작용하여 쓰며 누린다.

나 자체로 내가 다로 열리어
유 식통도 무 식통도 없는 내가 유 식통

무 식통을 동시에 나로 청정무구하고 순
백무구하고 원만구족하게 원융무애하게
자유자재로 상주상락 상락아정 영생영락
으로 작용하여 쓰며 누린다.

나 자체로 내가 다로 열리어
유 의통도 무 의통도 없는 내가 유 의통
무 의통을 동시에 나로 청정무구하고 순
백무구하고 원만구족하게 원융무애하게
자유자재로 상주상락 상락아정 영생영락
으로 작용하여 쓰며 누린다.

나 자체로 내가 다로 열리어
유 지통도 무 지통도 없는 내가 유 지통
무 지통을 동시에 나로 청정무구하고 순
백무구하고 원만구족하게 원융무애하게
자유자재로 상주상락 상락아정 영생영락
으로 작용하여 쓰며 누린다.

나 자체로 내가 다로 열리어
유 견통도 무 견통도 없는 내가 유 견통 무 견통을 동시에 나로 청정무구하고 순백무구하고 원만구족하게 원융무애하게 자유자재로 상주상락 상락아정 영생영락으로 작용하여 쓰며 누린다.

나 자체로 내가 다로 열리어
유 각통도 무 각통도 없는 내가 유 각통 무 각통을 동시에 나로 청정무구하고 순백무구하고 원만구족하게 원융무애하게 자유자재로 상주상락 상락아정 영생영락으로 작용하여 쓰며 누린다.

나 자체로 내가 다로 열리어
유 증통도 무 증통도 없는 내가 유 증통 무 증통을 동시에 나로 청정무구하고 순백무구하고 원만구족하게 원융무애하게

자유자재로 상주상락 상락아정 영생영락
으로 작용하여 쓰며 누린다.

나 자체로 내가 다로 열리어
유 인통도 무 인통도 없는 내가 유 인통
무 인통을 동시에 나로 청정무구하고 순
백무구하고 원만구족하게 원융무애하게
자유자재로 상주상락 상락아정 영생영락
으로 작용하여 쓰며 누린다.

나 자체로 내가 다로 열리어
유 직통도 무 직통도 없는 내가 유 직통
무 직통을 동시에 나로 청정무구하고 순
백무구하고 원만구족하게 원융무애하게
자유자재로 상주상락 상락아정 영생영락
으로 작용하여 쓰며 누린다.

나 자체로 내가 다로 열리어

유 즉통도 무 즉통도 없는 내가 유 즉통 무 즉통을 동시에 나로 청정무구하고 순백무구하고 원만구족하게 원융무애하게 자유자재로 상주상락 상락아정 영생영락으로 작용하여 쓰며 누린다.

나 자체로 내가 다로 열리어
유 작통도 무 작통도 없는 내가 유 작통 무 작통을 동시에 나로 청정무구하고 순백무구하고 원만구족하게 원융무애하게 자유자재로 상주상락 상락아정 영생영락으로 작용하여 쓰며 누린다.

나 자체로 내가 다로 열리어
유 행통도 무 행통도 없는 내가 유 행통 무 행통을 동시에 나로 청정무구하고 순백무구하고 원만구족하게 원융무애하게 자유자재로 상주상락 상락아정 영생영락으로 작용하여 쓰며 누린다.

나 자체로 내가 다로 열리어
유 융통도 무 융통도 없는 내가 유 융통 무 융통을 동시에 나로 청정무구하고 순백무구하고 원만구족하게 원융무애하게 자유자재로 상주상락 상락아정 영생영락으로 작용하여 쓰며 누린다.

나 자체로 내가 다로 열리어
유 홍통도 무 홍통도 없는 내가 유 홍통 무 홍통을 동시에 나로 청정무구하고 순백무구하고 원만구족하게 원융무애하게 자유자재로 상주상락 상락아정 영생영락으로 작용하여 쓰며 누린다.

나 자체로 내가 다로 열리어
유 현통도 무 현통도 없는 내가 유 현통

무 현통을 동시에 나로 청정무구하고 순
백무구하고 원만구족하게 원융무애하게
자유자재로 상주상락 상락아정 영생영락
으로 작용하여 쓰며 누린다.

나 자체로 내가 다로 열리어
유 여통도 무 여통도 없는 내가 유 여통
무 여통을 동시에 나로 청정무구하고 순
백무구하고 원만구족하게 원융무애하게
자유자재로 상주상락 상락아정 영생영락
으로 작용하여 쓰며 누린다.

나 자체로 내가 다로 열리어
유 정통도 무 정통도 없는 내가 유 정통
무 정통을 동시에 나로 청정무구하고 순
백무구하고 원만구족하게 원융무애하게
자유자재로 상주상락 상락아정 영생영락
으로 작용하여 쓰며 누린다.

나 자체로 내가 다로 열리어
유 진통도 무 진통도 없는 내가 유 진통
무 진통을 동시에 나로 청정무구하고 순
백무구하고 원만구족하게 원융무애하게
자유자재로 상주상락 상락아정 영생영락
으로 작용하여 쓰며 누린다.

나 자체로 내가 다로 열리어
유 명통도 무 명통도 없는 내가 유 명통
무 명통을 동시에 나로 청정무구하고 순
백무구하고 원만구족하게 원융무애하게
자유자재로 상주상락 상락아정 영생영락
으로 작용하여 쓰며 누린다.

나 자체로 내가 다로 열리어
유 광통도 무 광통도 없는 내가 유 광통
무 광통을 동시에 나로 청정무구하고 순
백무구하고 원만구족하게 원융무애하게

자유자재로 상주상락 상락아정 영생영락
으로 작용하여 쓰며 누린다.

나 자체로 내가 다로 열리어
유 휘통도 무 휘통도 없는 내가 유 휘통
무 휘통을 동시에 나로 청정무구하고 순
백무구하고 원만구족하게 원융무애하게
자유자재로 상주상락 상락아정 영생영락
으로 작용하여 쓰며 누린다.

나 자체로 내가 다로 열리어
유 쳐통도 무 쳐통도 없는 내가 유 쳐통
무 쳐통을 동시에 나로 청정무구하고 순
백무구하고 원만구족하게 원융무애하게
자유자재로 상주상락 상락아정 영생영락
으로 작용하여 쓰며 누린다.

나 자체로 내가 다로 열리어

유 대통도 무 대통도 없는 내가 유 대통
무 대통을 동시에 나로 청정무구하고 순
백무구하고 원만구족하게 원융무애하게
자유자재로 상주상락 상락아정 영생영락
으로 작용하여 쓰며 누린다.

나 자체로 내가 다로 열리어
유 도통도 무 도통도 없는 내가 유 도통
무 도통을 동시에 나로 청정무구하고 순
백무구하고 원만구족하게 원융무애하게
자유자재로 상주상락 상락아정 영생영락
으로 작용하여 쓰며 누린다.

나 자체로 내가 다로 열리어
유 법통도 무 법통도 없는 내가 유 법통
무 법통을 동시에 나로 청정무구하고 순
백무구하고 원만구족하게 원융무애하게
자유자재로 상주상락 상락아정 영생영락

으로 작용하여 쓰며 누린다.

나 자체로 내가 다로 열리어
유 불통도 무 불통도 없는 내가 유 불통
무 불통을 동시에 나로 청정무구하고 순
백무구하고 원만구족하게 원융무애하게
자유자재로 상주상락 상락아정 영생영락
으로 작용하여 쓰며 누린다.

나 자체로 내가 다로 열리어
유 자통도 무 자통도 없는 내가 유 자통
무 자통을 동시에 나로 청정무구하고 순
백무구하고 원만구족하게 원융무애하게
자유자재로 상주상락 상락아정 영생영락
으로 작용하여 쓰며 누린다.

나 자체로 내가 다로 열리어
유 실통도 무 실통도 없는 내가 유 실통

무 실통을 동시에 나로 청정무구하고 순백무구하고 원만구족하게 원융무애하게 자유자재로 상주상락 상락아정 영생영락으로 작용하여 쓰며 누린다.

나 자체로 내가 다로 열리어
유 법신불도 무 법신불도 없는 내가 유 법신불 무 법신불을 동시에 나로 청정무구하고 순백무구하고 원만구족하게 원융무애하게 자유자재로 상주상락 상락아정 영생영락으로 작용하여 쓰며 누린다.

나 자체로 내가 다로 열리어
유 보신불도 무 보신불도 없는 내가 유 보신불 무 보신불을 동시에 나로 청정무구하고 순백무구하고 원만구족하게 원융무애하게 자유자재로 상주상락 상락아정 영생영락으로 작용하여 쓰며 누린다.

나 자체로 내가 다로 열리어
유 화신불도 무 화신불도 없는 내가 유 화신불 무 화신불을 동시에 나로 청정무구하고 순백무구하고 원만구족하게 원융무애하게 자유자재로 상주상락 상락아정 영생영락으로 작용하여 쓰며 누린다.

나 자체로 내가 다로 열리어 유 삼신불도 무 삼신불도 없는 내가 유 삼신불 무 삼신불을 동시에 나로 청정무구하고 순백무구하고 원만구족하게 원융무애하게 자유자재로 상주상락 상락아정 영생영락으로 작용하여 쓰며 누린다.

나 자체로 내가 다로 열리어
유 무량수불도 무 무량수불도 없는 내가 유 무량수불 무 무량수불을 동시에 나로 청정무구하고 순백무구하고 원만구족하게

원융무애하게 자유자재로 상주상락 상락
아정 영생영락으로 작용하여 쓰며 누린다.

나 자체로 내가 다로 열리어
유 삼십이 상도 무 삼십이 상도 없는 내
가 유 삼십이 상 무 삼십이 상을 동시에
나로 청정무구하고 순백무구하고 원만구
족하게 원융무애하게 자유자재로 상주상
락 상락아정 영생영락으로 작용하여 쓰며
누린다.

나 자체로 내가 다로 열리어
유 팔십종호도 무 팔십종호도 없는 내가
유 팔십종호 무 팔십종호를 동시에 나로
청정무구하고 순백무구하고 원만구족하게
원융무애하게 자유자재로 상주상락 상락
아정 영생영락으로 작용하여 쓰며 누린다.

나 자체로 내가 다로 열리어
유 심신상연도 무 심신상연도 없는 내가
유 심신상연 무 심신상연을 동시에 나로
청정무구하고 순백무구하고 원만구족하게
원융무애하게 자유자재로 상주상락 상락
아정 영생영락으로 작용하여 쓰며 누린다.

나 자체로 내가 다로 열리어
유 연기상생도 무 연기상생도 없는 내가
유 연기상생 무 연기상생을 동시에 나로
청정무구하고 순백무구하고 원만구족하게
원융무애하게 자유자재로 상주상락 상락
아정 영생영락으로 작용하여 쓰며 누린다.

나 자체로 내가 다로 열리어
유 중도공존도 무 중도공존도 없는 내가
유 중도공존 무 중도공존을 동시에 나로
청정무구하고 순백무구하고 원만구족하게

원융무애하게 자유자재로 상주상락 상락
아정 영생영락으로 작용하여 쓰며 누린다.

나 자체로 내가 다로 열리어
유 차조동시도 무 차조동시도 없는 내가
유 차조동시 무 차조동시를 동시에 나로
청정무구하고 순백무구하고 원만구족하게
원융무애하게 자유자재로 상주상락 상락
아정 영생영락으로 작용하여 쓰며 누린다.

나 자체로 내가 다로 열리어
유 쌍차쌍조도 무 쌍차쌍조도 없는 내가
유 쌍차쌍조 무 쌍차쌍조를 동시에 나로
청정무구하고 순백무구하고 원만구족하게
원융무애하게 자유자재로 상주상락 상락
아정 영생영락으로 작용하여 쓰며 누린다.

나 자체로 내가 다로 열리어

유 직차직조도 무 직차직조도 없는 내가
유 직차직조 무 직차직조를 동시에 나로
청정무구하고 순백무구하고 원만구족하게
원융무애하게 자유자재로 상주상락 상락
아정 영생영락으로 작용하여 쓰며 누린다.

나 자체로 내가 다로 열리어
유 즉차즉조도 무 즉차즉조도 없는 내가
유 즉차즉조 무 즉차즉조를 동시에 나로
청정무구하고 순백무구하고 원만구족하게
원융무애하게 자유자재로 상주상락 상락
아정 영생영락으로 작용하여 쓰며 누린다.

나 자체로 내가 다로 열리어
유 작차작조도 무 작차작조도 없는 내가
유 작차작조 무 작차작조를 동시에 나로
청정무구하고 순백무구하고 원만구족하게
원융무애하게 자유자재로 상주상락 상락

아정 영생영락으로 작용하여 쓰며 누린다.

나 자체로 내가 다로 열리어
유 행차행조도 무 행차행조도 없는 내가
유 행차행조 무 행차행조를 동시에 나로
청정무구하고 순백무구하고 원만구족하게
원융무애하게 자유자재로 상주상락 상락
아정 영생영락으로 작용하여 쓰며 누린다.

나 자체로 내가 다로 열리어
유 전차전조도 무 전차전조도 없는 내가
유 전차전조 무 전차전조를 동시에 나로
청정무구하고 순백무구하고 원만구족하게
원융무애하게 자유자재로 상주상락 상락
아정 영생영락으로 작용하여 쓰며 누린다.

나 자체로 내가 다로 열리어
유 본차본조도 무 본차본조도 없는 내가

유 본차본조 무 본차본조를 동시에 나로
청정무구하고 순백무구하고 원만구족하게
원융무애하게 자유자재로 상주상락 상락
아정 영생영락으로 작용하여 쓰며 누린다.

나 자체로 내가 다로 열리어
유 자차자조도 무 자차자조도 없는 내가
유 자차자조 무 자차자조를 동시에 나로
청정무구하고 순백무구하고 원만구족하게
원융무애하게 자유자재로 상주상락 상락
아정 영생영락으로 작용하여 쓰며 누린다.

나 자체로 내가 다로 열리어
유 현차현조도 무 현차현조도 없는 내가
유 현차현조 무 현차현조를 동시에 나로
청정무구하고 순백무구하고 원만구족하게
원융무애하게 자유자재로 상주상락 상락
아정 영생영락으로 작용하여 쓰며 누린다.

나 자체로 내가 다로 열리어
유 여차여조도 무 여차여조도 없는 내가
유 여자여조 무 여차여조를 동시에 나로
청정무구하고 순백무구하고 원만구족하게
원융무애하게 자유자재로 상주상락 상락
아정 영생영락으로 작용하여 쓰며 누린다.

나 자체로 내가 다로 열리어
유 여여현현도 무 여여현현도 없는 내가
유 여여현현 무 여여현현을 동시에 나로
청정무구하고 순백무구하고 원만구족하게
원융무애하게 자유자재로 상주상락 상락
아정 영생영락으로 작용하여 쓰며 누린다.

나 자체로 내가 다로 열리어
유 열반영생도 무 열반영생도 없는 내가
유 열반영생 무 열반영생을 동시에 나로
청정무구하고 순백무구하고 원만구족하게

원융무애하게 자유자재로 상주상락 상락
아정 영생영락으로 작용하여 쓰며 누린다.

나 자체로 내가 다로 열리어
유 자체자용도 무 자체자용도 없는 내가
유 자체자용 무 자체자용을 동시에 나로
청정무구하고 순백무구하고 원만구족하게
원융무애하게 자유자재로 상주상락 상락
아정 영생영락으로 작용하여 쓰며 누린다.

나 자체로 내가 다로 열리어
유 전지전능도 무 전지전능도 없는 내가
유 전지전능 무 전지전능을 동시에 나로
청정무구하고 순백무구하고 원만구족하게
원융무애하게 자유자재로 상주상락 상락
아정 영생영락으로 작용하여 쓰며 누린다.

나 자체로 내가 다로 열리어

유 본지본능도 무 본지본능도 없는 내가
유 본지본능 무 본지본능을 동시에 나로
청정무구하고 순백무구하고 원만구족하게
원융무애하게 자유자재로 상주상락 상락
아정 영생영락으로 작용하여 쓰며 누린다.

나 자체로 내가 다로 열리어
유 현지현능도 무 현지현능도 없는 내가
유 현지현능 무 현지현능을 동시에 나로
청정무구하고 순백무구하고 원만구족하게
원융무애하게 자유자재로 상주상락 상락
아정 영생영락으로 작용하여 쓰며 누린다.

나 자체로 내가 다로 열리어
유 영지영능도 무 영지영능도 없는 내가
유 영지영능 무 영지영능을 동시에 나로
청정무구하고 순백무구하고 원만구족하게
원융무애하게 자유자재로 상주상락 상락

아정 영생영락으로 작용하여 쓰며 누린다.

나 자체로 내가 다로 열리어
유 본래면목도 무 본래면목도 없는 내가
유 본래면목 무 본래면목을 동시에 나로
청정무구하고 순백무구하고 원만구족하게
원융무애하게 자유자재로 상주상락 상락
아정 영생영락으로 작용하여 쓰며 누린다.

나 자체로 내가 다로 열리어
유 본지풍광도 무 본지풍광도 없는 내가
유 본지풍광 무 본지풍광을 동시에 나로
청정무구하고 순백무구하고 원만구족하게
원융무애하게 자유자재로 상주상락 상락
아정 영생영락으로 작용하여 쓰며 누린다.

나 자체로 내가 다로 열리어
유 여여일상도 무 여여일상도 없는 내가

유 여여일상 무 여여일상을 동시에 나로
청정무구하고 순백무구하고 원만구족하게
원융무애하게 자유자재로 상주상락 상락
아정 영생영락으로 작용하여 쓰며 누린다.

나 자체로 내가 다로 열리어
유 현현평상도 무 현현평상도 없는 내가
유 현현평상 무 현현평상을 동시에 나로
청정무구하고 순백무구하고 원만구족하게
원융무애하게 자유자재로 상주상락 상락
아정 영생영락으로 작용하여 쓰며 누린다.

나 자체로 내가 다로 열리어
유 전부도 무 전부도 없는 내가 유 전부
무 전부를 동시에 나로 청정무구하고 순
백무구하고 원만구족하게 원융무애하게
자유자재로 상주상락 상락아정 영생영락
으로 작용하여 쓰며 누린다.

나 자체로 내가 다로 열리어
유 부분도 무 부분도 없는 내가 유 부분 무 부분을 동시에 나로 청정무구하고 순백무구하고 원만구족하게 원융무애하게 자유자재로 상주상락 상락아정 영생영락으로 작용하여 쓰며 누린다.

나 자체로 내가 다로 열리어
유 온 전체도 무 온 전체도 없는 내가 유 온 전체 무 온 전체를 동시에 나로 청정무구하고 순백무구하고 원만구족하게 원융무애하게 자유자재로 상주상락 상락아정 영생영락으로 작용하여 쓰며 누린다.

나 자체로 내가 다로 열리어
유 낱낱이도 무 낱낱이도 없는 내가 유 낱낱이 무 낱낱이를 동시에 나로 청정무구하고 순백무구하고 원만구족하게 원융

무애하게 자유자재로 상주상락 상락아정
영생영락으로 작용하여 쓰며 누린다.

나 자체로 내가 다로 열리어
유 등금도 무 등금도 없는 내가 유 등금
무 등금을 동시에 나로 청정무구하고 순
백무구하고 원만구족하게 원융무애하게
자유자재로 상주상락 상락아정 영생영락
으로 작용하여 쓰며 누린다.

나 자체로 내가 다로 열리어
유 모남도 무 모남도 없는 내가 유 모남
무 모남을 동시에 나로 청정무구하고 순
백무구하고 원만구족하게 원융무애하게
자유자재로 상주상락 상락아정 영생영락
으로 작용하여 쓰며 누린다.

나 자체로 내가 다로 열리어

유 무딤 뾰족함도 무 무딤 뾰족함도 없는 내가 유 무딤 뾰족함 무 무딤 뾰족함을 동시에 나로 청정무구하고 순백무구하고 원만구족하게 원융무애하게 자유자재로 상주상락 상락아정 영생영락으로 작용하여 쓰며 누린다.

나 자체로 내가 다로 열리어
유 달고 씀도 무 달고 씀도 없는 내가 유 달고 씀 무 달고 씀을 동시에 나로 청정무구하고 순백무구하고 원만구족하게 원융무애하게 자유자재로 상주상락 상락아정 영생영락으로 작용하여 쓰며 누린다.

나 자체로 내가 다로 열리어
유 짜고 싱거움도 무 짜고 싱거움도 없는 내가 유 짜고 싱거움 무 짜고 싱거움을 동시에 나로 청정무구하고 순백무구하고 원만구족하게 원융무애하게 자유자재로 상주상락 상락아정 영생영락으로 작용하여 쓰며 누린다.

나 자체로 내가 다로 열리어
유 붉고 푸름도 무 붉고 푸름도 없는 내가
유 붉고 푸름 무 붉고 푸름을 동시에 나로
청정무구하고 순백무구하고 원만구족하게
원융무애하게 자유자재로 상주상락 상락아정 영생영락으로 작용하여 쓰며 누린다.

나 자체로 내가 다로 열리어
유 희고 검음도 무 희고 검음도 없는 내가
유 희고 검음 무 희고 검음을 동시에 나로
청정무구하고 순백무구하고 원만구족하게
원융무애하게 자유자재로 상주상락 상락아정 영생영락으로 작용하여 쓰며 누린다.
나 자체로 내가 다로 열리어

유 크고 작음도 무 크고 작음도 없는 내가
유 크고 작음 무 크고 작음을 동시에 나로
청정무구하고 순백무구하고 원만구족하게
원융무애하게 자유자재로 상주상락 상락
아정 영생영락으로 작용하여 쓰며 누린다.

나 자체로 내가 다로 열리어
유 길고 짧음도 무 길고 짧음도 없는 내가
유 길고 짧음 무 길고 짧음을 동시에 나로
청정무구하고 순백무구하고 원만구족하게
원융무애하게 자유자재로 상주상락 상락
아정 영생영락으로 작용하여 쓰며 누린다.

나 자체로 내가 다로 열리어
유 굵고 가늠도 무 굵고 가늠도 없는 내가
유 굵고 가늠 무 굵고 가늠을 동시에 나로
청정무구하고 순백무구하고 원만구족하게
원융무애하게 자유자재로 상주상락 상락

아정 영생영락으로 작용하여 쓰며 누린다.

나 자체로 내가 다로 열리어
유 높고 낮음도 무 높고 낮음도 없는 내가
유 높고 낮음 무 높고 낮음을 동시에 나로
청정무구하고 순백무구하고 원만구족하게
원융무애하게 자유자재로 상주상락 상락
아정 영생영락으로 작용하여 쓰며 누린다.

나 자체로 내가 다로 열리어
유 깊고 얕음도 무 깊고 얕음도 없는 내가
유 깊고 얕음 무 깊고 얕음을 동시에 나로
청정무구하고 순백무구하고 원만구족하게
원융무애하게 자유자재로 상주상락 상락
아정 영생영락으로 작용하여 쓰며 누린다.

나 자체로 내가 다로 열리어
유 넓고 좁음도 무 넓고 좁음도 없는 내가

유 넓고 좁음 무 넓고 좁음을 동시에 나로 청정무구하고 순백무구하고 원만구족하게 원융무애하게 자유자재로 상주상락 상락아정 영생영락으로 작용하여 쓰며 누린다.

나 자체로 내가 다로 열리어
유 곧고 구부림도 무 곧고 구부림도 없는 내가 유 곧고 구부림 무 곧고 구부림을 동시에 나로 청정무구하고 순백무구하고 원만구족하게 원융무애하게 자유자재로 상주상락 상락아정 영생영락으로 작용하여 쓰며 누린다.

나 자체로 내가 다로 열리어
유 강하고 약함도 무 강하고 약함도 없는 내가 유 강하고 약함 무 강하고 약함을 동시에 나로 청정무구하고 순백무구하고 원만구족하게 원융무애하게 자유자재로 상

주상락 상락아정 영생영락으로 작용하여
쓰며 누린다.

나 자체로 내가 다로 열리어
유 울퉁불퉁도 무 울퉁불퉁도 없는 내가
유 울퉁불퉁 무 울퉁불퉁을 동시에 나로
청정무구하고 순백무구하고 원만구족하게
원융무애하게 자유자재로 상주상락 상락
아정 영생영락으로 작용하여 쓰며 누린다.

나 자체로 내가 다로 열리어
유 일원상도 무 일원상도 없는 내가 유
일원상 무 일원상을 동시에 나로 청정무
구하고 순백무구하고 원만구족하게 원융
무애하게 자유자재로 상주상락 상락아정
영생영락으로 작용하여 쓰며 누린다.

나 자체로 내가 다로 열리어

유 성품도 무 성품도 없는 내가 유 성품
무 성품을 동시에 나로 청정무구하고 순
백무구하고 원만구족하게 원융무애하게
자유자재로 상주상락 상락아정 영생영락
으로 작용하여 쓰며 누린다.

나 자체로 내가 다로 열리어
유 바탕도 무 바탕도 없는 내가 유 바탕
무 바탕을 동시에 나로 청정무구하고 순
백무구하고 원만구족하게 원융무애하게
자유자재로 상주상락 상락아정 영생영락
으로 작용하여 쓰며 누린다.

나 자체로 내가 다로 열리어
유 자리도 무 자리도 없는 내가 유 자리
무 자리를 동시에 나로청정무구하고 순백
무구하고 원만구족하게 원융무애하게 자
유자재로 상주상락 상락아정 영생영락으

로 작용하여 쓰며 누린다.

나 자체로 내가 다로 열리어
유 이름도 무 이름도 없는 내가 유 이름
무 이름을 동시에 나로 청정무구하고 순
백무구하고 원만구족하게 원융무애하게
자유자재로 상주상락 상락아정 영생영락
으로 작용하여 쓰며 누린다.

나 자체로 내가 다로 열리어
유 모습도 무 모습도 없는 내가 유 모습
무 모습을 동시에 나로 청정무구하고 순
백무구하고 원만구족하게 원융무애하게
자유자재로 상주상락 상락아정 영생영락
으로 작용하여 쓰며 누린다.

나 자체로 내가 다로 열리어
유 모양도 무 모양도 없는 내가 유 모양

무 모양을 동시에 나로 청정무구하고 순
백무구하고 원만구족하게 원융무애하게
자유자재로 상주상락 상락아정 영생영락
으로 작용하여 쓰며 누린다.

나 자체로 내가 다로 열리어
유 빛깔도 무 빛깔도 없는 내가 유 빛깔
무 빛깔을 동시에 나로 청정무구하고 순
백무구하고 원만구족하게 원융무애하게
자유자재로 상주상락 상락아정 영생영락
으로 작용하여 쓰며 누린다.

나 자체로 내가 다로 열리어
유 멋도 무 멋도 없는 내가 유 멋 무 멋
을 동시에 나로 청정무구하고 순백무구하
고 원만구족하게 원융무애하게 자유자재
로 상주상락 상락아정 영생영락으로 작용
하여 쓰며 누린다.

나 자체로 내가 다로 열리어
유 격도 무 격도 없는 내가 유 격 무 격
을 동시에 나로 청정무구하고 순백무구하
고 원만구족하게 원융무애하게 자유자재
로 상주상락 상락아정 영생영락으로 작용
하여 쓰며 누린다.

나 자체로 내가 다로 열리어
유 느낌도 무 느낌도 없는 내가 유 느낌
무 느낌을 동시에 나로 청정무구하고 순
백무구하고 원만구족하게 원융무애하게
자유자재로 상주상락 상락아정 영생영락
으로 작용하여 쓰며 누린다.

나 자체로 내가 다로 열리어
유 뜻도 무 뜻도 없는 내가 유 뜻 무 뜻
을 동시에 나로 청정무구하고 순백무구하
고 원만구족하게 원융무애하게 자유자재

로 상주상락 상락아정 영생영락으로 작용하여 쓰며 누린다.

나 자체로 내가 다로 열리어
유 글자도 무 글자도 없는 내가 유 글자 무 글자를 동시에 나로 청정무구하고 순백무구하고 원만구족하게 원융무애하게 자유자재로 상주상락 상락아정 영생영락으로 작용하여 쓰며 누린다.

나 자체로 내가 다로 열리어
유 글귀도 무 글귀도 없는 내가 유 글귀 무 글귀를 동시에 나로 청정무구하고 순백무구하고 원만구족하게 원융무애하게 자유자재로 상주상락 상락아정 영생영락으로 작용하여 쓰며 누린다.

나 자체로 내가 다로 열리어

유 구절도 무 구절도 없는 내가 유 구절 무 구절을 동시에 나로 청정무구하고 순백무구하고 원만구족하게 원융무애하게 자유자재로 상주상락 상락아정 영생영락으로 작용하여 쓰며 누린다.

나 자체로 내가 다로 열리어
유 자상도 무 자상도 없는 내가 유 자상 무 자상을 동시에 나로 청정무구하고 순백무구하고 원만구족하게 원융무애하게 자유자재로 상주상락 상락아정 영생영락으로 작용하여 쓰며 누린다.

나 자체로 내가 다로 열리어
유주상도 무주상도 없는 내가 유 주상 무주상을 동시에 나로 청정무구하고 순백무구하고 원만구족하게 원융무애하게 자유자재로 상주상락 상락아정 영생영락으로 작용하여 쓰며 누린다.

나 자체로 내가 다로 열리어
유 존상도 무 존상도 없는 내가 유 존상
무 존상을 동시에 나로 청정무구하고 순
백무구하고 원만구족하게 원융무애하게
자유자재로 상주상락 상락아정 영생영락
으로 작용하여 쓰며 누린다.

나 자체로 내가 다로 열리어
유 본상도 무 본상도 없는 내가 유 본상
무 본상을 동시에 나로 청정무구하고 순
백무구하고 원만구족하게 원융무애하게
자유자재로 상주상락 상락아정 영생영락
으로 작용하여 쓰며 누린다.

나 자체로 내가 다로 열리어
유 원상도 무 원상도 없는 내가 유 원상

무 원상을 동시에 나로 청정무구하고 순
백무구하고 원만구족하게 원융무애하게
자유자재로 상주상락 상락아정 영생영락
으로 작용하여 쓰며 누린다.

나 자체로 내가 다로 열리어
유 성상도 무 성상도 없는 내가 유 성상
무 성상을 동시에 나로 청정무구하고 순
백무구하고 원만구족하게 원융무애하게
자유자재로 상주상락 상락아정 영생영락
으로 작용하여 쓰며 누린다.

나 자체로 내가 다로 열리어
유 견상도 무 견상도 없는 내가 유 견상
무 견상을 동시에 나로 청정무구하고 순
백무구하고 원만구족하게 원융무애하게
자유자재로 상주상락 상락아정 영생영락
으로 작용하여 쓰며 누린다.

나 자체로 내가 다로 열리어
유 각상도 무 각상도 없는 내가 유 각상
무 각상을 동시에 나로 청정무구하고 순
백무구하고 원만구족하게 원융무애하게
자유자재로 상주상락 상락아정 영생영락
으로 작용하여 쓰며 누린다.

나 자체로 내가 다로 열리어
유 도상도 무 도상도 없는 내가 유 도상
무 도상을 동시에 나로 청정무구하고 순
백무구하고 원만구족하게 원융무애하게
자유자재로 상주상락 상락아정 영생영락
으로 작용하여 쓰며 누린다.

나 자체로 내가 다로 열리어
유 법상도 무 법상도 없는 내가 유 법상
무 법상을 동시에 나로 청정무구하고 순
백무구하고 원만구족하게 원융무애하게

자유자재로 상주상락 상락아정 영생영락
으로 작용하여 쓰며 누린다.

나 자체로 내가 다로 열리어
유 불상도 무 불상도 없는 내가 유 불상
무 불상을 동시에 나로 청정무구하고 순
백무구하고 원만구족하게 원융무애하게
자유자재로 상주상락 상락아정 영생영락
으로 작용하여 쓰며 누린다.

나 자체로 내가 다로 열리어
유 유위도 무 유위도 없는 내가 유 유위
무 유위를 동시에 나로 청정무구하고 순
백무구하고 원만구족하게 원융무애하게
자유자재로 상주상락 상락아정 영생영락
으로 작용하여 쓰며 누린다.

나 자체로 내가 다로 열리어

유 유루도 무 유루도 없는 내가 유 유루 무 유루를 동시에 나로 청정무구하고 순백무구하고 원만구족하게 원융무애하게 자유자재로 상주상락 상락아정 영생영락으로 작용하여 쓰며 누린다.

나 자체로 내가 다로 열리어
유 유한도 무 유한도 없는 내가 유 유한 무 유한을 동시에 나로 청정무구하고 순백무구하고 원만구족하게 원융무애하게 자유자재로 상주상락 상락아정 영생영락으로 작용하여 쓰며 누린다.

나 자체로 내가 다로 열리어
유 겁도 무 겁도 없는 내가 유 겁 무 겁을 동시에 나로 청정무구하고 순백무구하고 원만구족하게 원융무애하게 자유자재로 상주상락 상락아정 영생영락으로 작용하여 쓰며 누린다.

나 자체로 내가 다로 열리어
유 창주도 무 창주도 없는 내가 유 창주
무 창주를 동시에 나로 청정무구하고 순
백무구하고 원만구족하게 원융무애하게
자유자재로 상주상락 상락아정 영생영락
으로 작용하여 쓰며 누린다.

나 자체로 내가 다로 열리어
유 창존도 무 창존도 없는 내가 유 창존
무 창존을 동시에 나로 청정무구하고 순
백무구하고 원만구족하게 원융무애하게
자유자재로 상주상락 상락아정 영생영락
으로 작용하여 쓰며 누린다.

나 자체로 내가 다로 열리어
유 창생도 무 창생도 없는 내가 유 창생

무 창생을 동시에 나로 청정무구하고 순
백무구하고 원만구족하게 원융무애하게
자유자재로 상주상락 상락아정 영생영락
으로 작용하여 쓰며 누린다.

나 자체로 내가 다로 열리어
유 창조도 무 창조도 없는 내가 유 창조
무 창조를 동시에 나로 청정무구하고 순
백무구하고 원만구족하게 원융무애하게
자유자재로 상주상락 상락아정 영생영락
으로 작용하여 쓰며 누린다.

나 자체로 내가 다로 열리어
유 창세도 무 창세도 없는 내가 유 창세
무 창세를 동시에 나로 청정무구하고 순
백무구하고 원만구족하게 원융무애하게
자유자재로 상주상락 상락아정 영생영락
으로 작용하여 쓰며 누린다.

나 자체로 내가 다로 열리어
유 창의도 무 창의도 없는 내가 유 창의
무 창의를 동시에 나로 청정무구하고 순
백무구하고 원만구족하게 원융무애하게
자유자재로 상주상락 상락아정 영생영락
으로 작용하여 쓰며 누린다.

나 자체로 내가 다로 열리어
유 창락도 무 창락도 없는 내가 유 창락
무 창락을 동시에 나로 청정무구하고 순
백무구하고 원만구족하게 원융무애하게
자유자재로 상주상락 상락아정 영생영락
으로 작용하여 쓰며 누린다.

나 자체로 내가 다로 열리어
유 청정도 무 청정도 없는 내가 유 청정
무 청정을 동시에 나로 청정무구하고 순
백무구하고 원만구족하게 원융무애하게

자유자재로 상주상락 상락아정 영생영락
으로 작용하여 쓰며 누린다.

나 자체로 내가 다로 열리어
유 순백도 무 순백도 없는 내가 유 순백
무 순백을 동시에 나로 청정무구하고 순
백무구하고 원만구족하게 원융무애하게
자유자재로 상주상락 상락아정 영생영락
으로 작용하여 쓰며 누린다.

나 자체로 내가 다로 열리어
유 구족도 무 구족도 없는 내가 유 구족
무 구족을 동시에 나로 청정무구하고 순
백무구하고 원만구족하게 원융무애하게
자유자재로 상주상락 상락아정 영생영락
으로 작용하여 쓰며 누린다.

나 자체로 내가 다로 열리어

유 원융도 무 원융도 없는 내가 유 원융
무 원융을 동시에 나로 청정무구하고 순
백무구하고 원만구족하게 원융무애하게
자유자재로 상주상락 상락아정 영생영락
으로 작용하여 쓰며 누린다.

나 자체로 내가 다로 열리어
유 무애도 무 무애도 없는 내가 유 무애
무 무애를 동시에 나로 청정무구하고 순
백무구하고 원만구족하게 원융무애하게
자유자재로 상주상락 상락아정 영생영락
으로 작용하여 쓰며 누린다.

나 자체로 내가 다로 열리어
유 자재도 무 자재도 없는 내가 유 자재
무 자재를 동시에 나로 청정무구하고 순
백무구하고 원만구족하게 원융무애하게
자유자재로 상주상락 상락아정 영생영락

으로 작용하여 쓰며 누린다.

나 자체로 내가 다로 열리어
유 자유도 무 자유도 없는 내가 유 자유
무 자유를 동시에 나로 청정무구하고 순
백무구하고 원만구족하게 원융무애하게
자유자재로 상주상락 상락아정 영생영락
으로 작용하여 쓰며 누린다.

나!

그 어떤 것도 그 무엇도 견성성불도 본불
본낙도 나뿐인 나에게는 용납할 수 없으
며, 동시에 나뿐이기에 나가 다로 열리어
그 어떤 것도 그 무엇도 견성성불도 본불
본낙도 나뿐인 나에게는 용납될 수가 있다.
그래서 모든 것을 초월해 있는 나는 아니
초월할 것도 없는 이대로 나이기에, 그

어떤 것에도 그 무엇에도 예속되지 않아서, 속박되지 않고, 끌려가지 않고, 걸리지 않고, 막히지 않고, 때묻지 않고, 물들지 않아서, 헤매지 않고, 방황하지 않고, 무너지지 않고, 변하지 않고, 한결같이 위없이 여여부동한 절대 영원한 나로서 청정무구하고 청순무구하고 청백무구하고 청결무구하고 청천무구하고 청명무구하고 청광무구하고 청의무구하고 청홍무구하고 청활무구하고 청아무구하고 청세무구하고 청진무구하고 청다무구하고 청락무구하여 순백무구하고 순수무구하고 순결무구하고 순정무구하고 순천무구하고 순민무구하고 순명무구하고 순광무구하고 순의무구하고 순활무구하고 순아무구하고 순국무구하고 순세무구하고 순다무구하고 순락무구하고 순진무구하고 순청무구하고 천진무구로 항상 축복되고 행복된 해탈극락의 상주상락 상락아정의 새롭고 새롭고 새로운 나인 것이다.

항상 영원한 절대 지금 나는 따로 없는 나의 저절로 남음 없는 다로써, 꼭 맞게 다함없도록 원만구족하고 원융무애하고 무애자재하고 자유자재하게 호쾌대활하고 호호탕탕하게 세간사 출세간사 인생사 세상사 우주사 법계사로 열려져, 불생불멸 불구부정 부증불감 중도실상 열반현존 정법안장 안심입명 영생영락의 진여실상으로, 완성된 무한공덕을 지니고 이루고 열고 드러내고 나투고 펼치고 세우고 응하고 쓰고 누리는 것이, 바로 금강반야바라밀경이며 반야심경이며 팔만사천대장경이며 해탈극락의 본나 본불인 일체 조불조사의 교며 가르침이며 선이며 율이며 논이며, 일상사 다 나로 회통되는 전지전능하고 본지본능한 본면목 본지풍광의 자체 실참 실행 실락인 영원불멸의 진리요, 법이요, 도요, 정각으로 다 나인 것이다.

나 자체가 자체로서 자용이요, 자참이요, 자행이요, 자주 자존 자본 자원 자성 자각인 견성성불이요, 해탈극락의 본나본불의 자락인 것이며,

나 자체가 자체로서 실체요, 실용이요, 실참이요, 실행이요, 실재요, 실권이요, 실세인 실각인 견성성불이요, 해탈극락의 본나본불의 실락인 것이다.

온갖 구름이 일어났다 꺼지고 되풀이 되고,
온갖 물결이 일어났다 꺼지고 되풀이 되고,
온갖 번뇌망상이 일어났다 꺼지고 되풀이 되는 것이,

온갖 경계로써 자취가 없고 실체가 없다고 할 수 있겠지만

온갖 구름이 일어났다 꺼지고 되풀이 되도 하늘은 그대로요,

온갖 물결이 일어났다 꺼지고 되풀이 되
도 바다는 그대로요,
온갖 번뇌망상이 일어났다 꺼지고 되풀이
되도 나는 그대로 이듯이
하늘 자체가 실체요 실체 자체가 하늘이요.
바다 자체가 실체요 실체 자체가 바다요.
나 자체가 실체요 실체 자체가 나로서,
본래로 무시이래로 무시 이후로 언제나
현재로써도 확고부동하고 여여부동해서
활발발하게 한결같이 절대 나 자체로서
절대 나 실체로서, 생멸 없는 영원불멸의
자주, 자존, 자본, 자원, 자성, 자현, 자각
인 여여부동 명위불인 것이다.
온갖 경계가 자취 없고 실체가 없는 것이
지, 경계를 일으켜 응해서 주체주로서 주
인으로서 흥대로 쓰는, 나는 나 자체요,
자용이요, 나 실체 실용인 것을, 바로 보
고 바로 계합해서 바로 쓰며 누릴 줄 알

아야, 진정 정견 정문인 내가 팔정도요, 팔정도가 나요, 팔만사천경이 나요, 내가 팔만사천경으로써
내가 선이요 선이 나로 선문정로요,
내가 교요 교가 나로 교문정로요,
내가 율이며 율이 나로 율문정로요,
내가 론이며 론이 나로 론문정로로써
도문정로요 법문정로요 불문정로인 것이다.
나 다로 직광직조요, 현광현조요, 본광본조요, 자광자조요, 자명자조요, 자활자조요, 본활본조요, 본문본로요, 자문자로요, 정문정로요, 정법정로요, 자법자로요, 자등명이요, 법등명이요, 본등명이요, 원등명이요, 주등명이요, 현등명이요, 영등명이요, 여등명이요, 정등명이요, 각등명이요, 불등명이요, 자유자재인 것이다.
나를 펼치면 내가 온 법계 온 우주요.
나를 거두면 온 세상 천하가 나요.

나를 펼치든 거두든 다 나로 성불이요.
나를 거두든 펼치든 나 다로 본불이라.
누구나 무엇이든 다 나로 다르지 않고 한결같으니, 부처님께옵서 세상에 태어나시자마자 동서남북 일곱 걸음 걸으시며 "천상천하유아독존이다"고 사자후 하셨으며,
열반하실 때에는
"자등명 법등명 하라"며 유훈하셨으니
세월 안에서나 세월 밖에서나 항상 나 다 이러히 다르지 않아서,
나! 뿐이기에 한 티끌도 용납하지 않고
나! 뿐이기에 다로 열려 일체를 용납해서,
나 다로 나안에서 나 다로 나투었다 거두었다 생멸, 유무, 색공, 시공, 시종, 선악, 명암, 지불지, 의불의, 미오 하면서 생노병사 육도윤회 성주괴공 불멸불퇴 진여실상 해탈극락 활발발하면서, 마치 바다에서 물결이 일어났다 사라져도 물이 물결이요 물

결이 물로써 다 바다이듯이, 진여연기법계가 다 나로 나안에서 항상 나 그대로 나 법계요. 나 우주요, 나 세계요, 나 세상이요, 나 천하요, 나 창생으로서 창조주요, 창세로서 영생영락의 상주상락이요, 상락아정으로 영겁이전이나 영겁지금에나 영겁후나 꼼짝없이 위없는 다 나 본면목으로 진실 나 금강바라밀인 것이다.

나!

그 어떤 것도 딴 것이 없는,
그 무엇도 딴 일이 없는,
일상사 이대로 그대로 저대로 저절로 홍대로 스스로 지니고 이루고 열고 드러내고 나투고 펼치고 세우고 웅하고 쓰고 누리는, 이 자체 이 작용이야말로 참으로 더없는 누구나 성스럽고 거룩하고 존귀하고 고준하고 지고지순한 일체 창생의 절대 나!
금강바라밀이다.

나!

절대 근원적이고 원초적이고 본질적이고 구경적이고, 불멸의 영원한 절대 현재인 내가 나로서 나를 나투면 내안에 유아요, 나를 거두면 내안에 무아로서 유아무아가 다 나로 인하여 작용하는 유아 무아이지, 유아 무아가 본바탕이 아닌데도 무아유아의 상대적인 무아로 나는 본래 없다고 오해하시는 분들이 있는데 이는 주객을 초월되어 있는 나!
유아무아를 넘어서 있는 본나 참나 지금 이대로 나를 모르고 전도망상 망견하는 것이다.
절대 지금 내가 내안에 유아무아를 동시에

나의 작용으로 쓰는 것이니, 나를 바로 볼 줄 알고 바로 지니고 쓰고 누릴 줄 알아야 되는 것이다.
진실인 진정한 나를 모르는데서 모든 진리, 도, 법이 오역되어 자기 자신의 정체성은 물론이거니와 세상의 정체성이 흔들리어 오늘날 자기 자신뿐 아니라 세상이 바로 서지 못하고 방황하고 있는 것이다.
중심을 잡지 못하고 자기 안에서 육도윤회하며 무명업식으로 갈애 갈망 갈등하는 것이다.
생멸, 유무, 색공도 다 나안에서 물결이 물이요, 물이 물결이요, 물과 물결이 동시에 바다이듯이 다 나안에서 나의 작용으로 펼쳐지는 나 자체로서의 본광인 자성연기요, 자성법계인 나 연기 나 법계로서 일체가 다 나로 진여실상인 것이다.
아상, 인상, 중생상, 수자상, 각상, 법상,

불상이라는 것은, 내가 내는 상, 사람이 내는 상, 중생이 내는 상, 수자가 내는 상, 깨달음으로 내는 상, 법으로 내는 상, 부처로서 내는 상을 여의라는 것이지, 나 자체로서 내가 없다, 사람으로서의 자체인 내가 없다, 중생으로서의 자체인 내가 없다, 수자로서의 자체인 내가 없다, 깨달음으로서의 자체인 내가 없다, 법으로서의 자체인 내가 없다, 부처로서의 자체인 내가 없다는 것이 아니라, 나투는 상에 끄달려 빠져 객진번뇌의 허망에 헤어나지 못하고 있으니, 내가 나툰 상을 여의면 바로 존재바탕인 불멸의 여여부동한 여래인 나를 바로 보고 바로 드러내고 바로 누리는 바로 여래란 것이다.

상에 걸려서 상에 집착해서 진정한 나를 본래의 나를 못보고 잘못 알아서 나를 세상을 혹세무민하는 것이다.

그래서 부처님께선 상이 상이 아니다. 그러니 상에서 상을 떠나라.
바로 상을 여의면 바로 여래를 본다.
바로 여래다, 바로 여래인 나 다라고 한 것이다.
여래인 나로 돌아오면 돌아올 것도 없이 이대로 여래인 나로 일체가 동시에 펼치고 거두고 누리는 것이니, 일체가 다 진여여래인 진여실상의 해탈극락이 되어 무한한 복덕과 지혜를 무한공덕으로 끝없는 스스로 자체의 체용으로, 무한광명 무한한 감로 무한한 보배를 자주 축복 행복으로 쓰라는 것이다.
아집, 인집, 중생집, 수자집, 각집, 법집, 불집도 또한 이러하고
아견, 인견, 중생견, 수자견, 각견, 법견, 불견도 또한 이러하니
나를 상으로 알음알이로 집을 짓지 말라

는 것이니
사람을 상으로 알음알이로 집을 짓지 말라는 것이며
중생을 상으로 알음알이로 보지 말라는 것이며
수자를 상으로 알음알이로 집을 짓지 말라는 것이며
깨달음을 상으로 알음알이로 집을 짓지 말라는 것이며
법을 상으로 알음알이로 집을 짓지 말라는 것이며
부처를 상으로 알음알이로 집을 짓지 말라는 것이며
바로 나 자체의 나로 집을 지을 것이며
바로 사람 자체의 나로 집을 지을 것이며
바로 중생 자체의 나로 집을 지을 것이며
바로 수자 자체의 나로 집을 지을 것이며
바로 깨달음 자체의 나로 집을 지을 것이며

바로 법 자체의 나로 집을 지을 것이며
바로 부처 자체의 나로 집을 지을 것이며
또한
나를 상으로 알음알이로 보지 말라는 것이니
사람을 상으로 알음알이로 보지 말라는 것이며
중생을 상으로 알음알이로 보지 말라는 것이며
수자를 상으로 알음알이로 보지 말라는 것이며
깨달음을 상으로 알음알이로 보지 말라는 것이며
법을 상으로 알음알이로 보지 말라는 것이며
부처를 상으로 알음알이로 보지 말 것이며
바로 나 자체의 나로 볼 것이며
바로 사람 자체의 나로 볼 것이며

바로 중생 자체의 나로 볼 것이며
바로 수자 자체의 나로 볼 것이며
바로 깨달음 자체의 나로 볼 것이며
바로 법 자체의 나로 볼 것이며
바로 부처 자체의 나로 볼 것이며

나 안에 유아 무아도 차조동시 쌍차쌍조 본차본조 현차현조 중도실상 해탈극락이요.

나 안에 유존재 무존재도 차조동시 쌍차쌍조 본차본조 현차현조 중도실상 해탈극락이요.

나 안에 유생 무생도 차조동시 쌍차쌍조 본차본조 현차현조 중도실상 해탈극락이요.

나 안에 유자성 무자성도 차조동시 쌍차쌍조 본차본조 현차현조 중도실상 해탈극락이요.

나 안에 유불성 무불성도 차조동시 쌍차쌍조 본차본조 현차현조 중도실상 해탈극락이요.

나 안에 유심 무심도 차조동시 쌍차쌍조 본차본조 현차현조 중도실상 해탈극락이요.

나 안에 유념 무념도 차조동시 쌍차쌍조 본차본조 현차현조 중도실상 해탈극락이요.

나 안에 유정 무정도 차조동시 쌍차쌍조 본차본조 현차현조 중도실상 해탈극락이요.

나 안에 유상 무상도 차조동시 쌍차쌍조 본차본조 현차현조 중도실상 해탈극락이요.

나 안에 유색 무색도 차조동시 쌍차쌍조
본차본조 현차현조 중도실상 해탈극락이요.

나 안에 유공 무공도 차조동시 쌍차쌍조
본차본조 현차현조 중도실상 해탈극락이요.

나 안에 유지 무지도 차조동시 쌍차쌍조
본차본조 현차현조 중도실상 해탈극락이요.

나 안에 유의 무의도 차조동시 쌍차쌍조
본차본조 현차현조 중도실상 해탈극락이요.

나 안에 유명 무명도 차조동시 쌍차쌍조
본차본조 현차현조 중도실상 해탈극락이요.

나 안에 유암 무암도 차조동시 쌍차쌍조
본차본조 현차현조 중도실상 해탈극락이요.

나 안에 유시 무시도 차조동시 쌍차쌍조
본차본조 현차현조 중도실상 해탈극락이요.

나 안에 유종 무종도 차조동시 쌍차쌍조
본차본조 현차현조 중도실상 해탈극락이요.

나 안에 유선 무선도 차조동시 쌍차쌍조
본차본조 현차현조 중도실상 해탈극락이요.

나 안에 유악 무악도 차조동시 쌍차쌍조
본차본조 현차현조 중도실상 해탈극락이요.

나 안에 유염 무염도 차조동시 쌍차쌍조
본차본조 현차현조 중도실상 해탈극락이요.

나 안에 유주 무주도 차조동시 쌍차쌍조
본차본조 현차현조 중도실상 해탈극락이요.

나 안에 유오 무오도 차조동시 쌍차쌍조 본차본조 현차현조 중도실상 해탈극락이요.

나 안에 유미혹 무미혹도 차조동시 쌍차쌍조 본차본조 현차현조 중도실상 해탈극락이요.

나 안에 유도 무도도 차조동시 쌍차쌍조 본차본조 현차현조 중도실상 해탈극락이요.

나 안에 유법 무법도 차조동시 쌍차쌍조 본차본조 현차현조 중도실상 해탈극락이요.

나 안에 유 진리 무 진리도 차조동시 쌍차쌍조 본차본조 현차현조 중도실상 해탈극락이요.

나 안에 유 겁 무 겁도 차조동시 쌍차쌍조

본차본조 현차현조 중도실상 해탈극락이요.

나 안에 유 시공 무 시공도 차조동시 쌍차쌍조 본차본조 현차현조 중도실상 해탈극락이요.

나 안에 유 법계 무 법계도 차조동시 쌍차쌍조 본차본조 현차현조 중도실상 해탈극락이요.

나 안에 유 우주 무 우주도 차조동시 쌍차쌍조 본차본조 현차현조 중도실상 해탈극락이요.

나 안에 유 세계 무 세계도 차조동시 쌍차쌍조 본차본조 현차현조 중도실상 해탈극락이요.

나 안에 유 천하 무 천하도 차조동시 쌍차쌍조 본차본조 현차현조 중도실상 해탈극락이요.

나 안에 유 이승 무 이승도 차조동시 쌍차쌍조 본차본조 현차현조 중도실상 해탈극락이요.

나 안에 유 저승 무 저승도 차조동시 쌍차쌍조 본차본조 현차현조 중도실상 해탈극락이요.

나 안에 유 지옥 무 지옥도 차조동시 쌍차쌍조 본차본조 현차현조 중도실상 해탈극락이요.

나 안에 유 천국 무 천국도 차조동시 쌍차쌍조 본차본조 현차현조 중도실상 해탈극락이요.

나 안에 유 사바 무 사바도 차조동시 쌍차쌍조 본차본조 현차현조 중도실상 해탈극락이요.

나 안에 유 극락 무 극락도 차조동시 쌍차쌍조 본차본조 현차현조 중도실상 해탈극락이요.

나 안에 유 태란습화 무 태란습화도 차조동시 쌍차쌍조 본차본조 현차현조 중도실상 해탈극락이요.

나 안에 유 범부 무 범부도 차조동시 쌍차쌍조 본차본조 현차현조 중도실상 해탈극락이요.

나 안에 유 성인 무 성인도 차조동시 쌍차쌍조 본차본조 현차현조 중도실상 해탈극락이요.

나 안에 유 중생 무 중생도 차조동시 쌍차쌍조 본차본조 현차현조 중도실상 해탈극락이요.

나 안에 유 부처 무 부처도 차조동시 쌍차쌍조 본차본조 현차현조 중도실상 해탈극락이요.

나 안에 유 연기 무 연기도 차조동시 쌍차쌍조 본차본조 현차현조 중도실상 해탈극락이요,

나 안에 유 인과 무 인과도 차조동시 쌍차쌍조 본차본조 현차현조 중도실상 해탈극

락이요.

나 안에 유 윤회 무 윤회도 차조동시 쌍차쌍조 본차본조 현차현조 중도실상 해탈극락이요.

나 안에 유 육도 무 육도도 차조동시 쌍차쌍조 본차본조 현차현조 중도실상 해탈극락이요.

나 안에 유 만상 무 만상도 차조동시 쌍차쌍조 본차본조 현차현조 중도실상 해탈극락이요.

나 안에 유 물물 무 물물도 차조동시 쌍차쌍조 본차본조 현차현조 중도실상 해탈극락이요,

나 안에 유 정신 무 정신도 차조동시 쌍차쌍조 본차본조 현차현조 중도실상 해탈극락이요.

나 안에 유 상 무 상도 차조동시 쌍차쌍조 본차본조 현차현조 중도실상 해탈극락이요.

나 안에 유견 무견도 차조동시 쌍차쌍조 본차본조 현차현조 중도실상 해탈극락이요.

나 안에 유각 무각도 차조동시 쌍차쌍조 본차본조 현차현조 중도실상 해탈극락이요.

나 안에 유득 무득도 차조동시 쌍차쌍조 본차본조 현차현조 중도실상 해탈극락이요.

나 안에 유증 무증도 차조동시 쌍차쌍조 본차본조 현차현조 중도실상 해탈극락이요

나 안에 유인 무인도 차조동시 쌍차쌍조
본차본조 현차현조 중도실상 해탈극락이요.

나 안에 유직 무직도 차조동시 쌍차쌍조
본차본조 현차현조 중도실상 해탈극락이요.

나 안에 유즉 무즉도 차조동시 쌍차쌍조
본차본조 현차현조 중도실상 해탈극락이요.

나 안에 유작 무작도 차조동시 쌍차쌍조
본차본조 현차현조 중도실상 해탈극락이요.

나 안에 유행 무행도 차조동시 쌍차쌍조
본차본조 현차현조 중도실상 해탈극락이요.

나 안에 유현 무현도 차조동시 쌍차쌍조
본차본조 현차현조 중도실상 해탈극락이요.

나 안에 유 유위 무 유위도 차조동시 쌍차쌍조 본차본조 현차현조 중도실상 해탈극락이요.

나 안에 유 유루 무 유루도 차조동시 쌍차쌍조 본차본조 현차현조 중도실상 해탈극락이요.

나 안에 유 유여 무 유여도 차조동시 쌍차쌍조 본차본조 현차현조 중도실상 해탈극락이요.

나 안에 유 유심 무 유심도 차조동시 쌍차쌍조 본차본조 현차현조 중도실상 해탈극락이요.

나 안에 유 존심 무 존심도 차조동시 쌍차쌍조 본차본조 현차현조 중도실상 해탈극락이요.

나 안에 유 본심 무 본심도 차조동시 쌍차쌍조 본차본조 현차현조 중도실상 해탈극락이요.

나 안에 유 자심 무 자심도 차조동시 쌍차쌍조 본차본조 현차현조 중도실상 해탈극락이요.

나 안에 유 보리심 무 보리심도 차조동시 쌍차쌍조 본차본조 현차현조 중도실상 해탈극락이요.

나 안에 유 복덕 무 복덕도 차조동시 쌍차쌍조 본차본조 현차현조 중도실상 해탈극락이요.

나 안에 유 공덕 무 공덕도 차조동시 쌍차쌍조 본차본조 현차현조 중도실상 해탈극락이요.

나 안에 유 견처 무 견처도 차조동시 쌍차쌍조 본차본조 현차현조 중도실상 해탈극락이요.

나 안에 유 각처 무 각처도 차조동시 쌍차쌍조 본차본조 현차현조 중도실상 해탈극락이요.

나 안에 유염 무염도 차조동시 쌍차쌍조 본차본조 현차현조 중도실상 해탈극락이요.

나 안에 유념 무념도 차조동시 쌍차쌍조 본차본조 현차현조 중도실상 해탈극락이요.

나 안에 유감 무감도 차조동시 쌍차쌍조
본차본조 현차현조 중도실상 해탈극락이요.

나 안에 유식 무식도 차조동시 쌍차쌍조
본차본조 현차현조 중도실상 해탈극락이요.

나 안에 유지 무지도 차조동시 쌍차쌍조
본차본조 현차현조 중도실상 해탈극락이요.

나 안에 유 유의 무 유의도 차조동시 쌍차
쌍조 본차본조 현차현조 중도실상 해탈극
락이요.

나 안에 유 업 무 업도 차조동시 쌍차쌍조
본차본조 현차현조 중도실상 해탈극락이요.

나 안에 유 연 무 연도 차조동시 쌍차쌍조
본차본조 현차현조 중도실상 해탈극락이요.

나 안에 유 관문 무 관문도 차조동시 쌍차쌍조 본차본조 현차현조 중도실상 해탈극락이요.

나 안에 유 타파 무 타파도 차조동시 쌍차쌍조 본차본조 현차현조 중도실상 해탈극락이요.

나 안에 유 탈 무 탈도 차조동시 쌍차쌍조 본차본조 현차현조 중도실상 해탈극락이요.

나 안에 유 멸 무 멸도 차조동시 쌍차쌍조 본차본조 현차현조 중도실상 해탈극락이요.

나 안에 유 명 무 명도 차조동시 쌍차쌍조 본차본조 현차현조 중도실상 해탈극락이요.

나 안에 유 현 무 현도 차조동시 쌍차쌍조

본차본조 현차현조 중도실상 해탈극락이요.

나 안에 유 실 무 실도 차조동시 쌍차쌍조 본차본조 현차현조 중도실상 해탈극락이요.

나 안에 유 진여 무 진여도 차조동시 쌍차쌍조 본차본조 현차현조 중도실상 해탈극락이요.

나 안에 유 실상 무 실상도 차조동시 쌍차쌍조 본차본조 현차현조 중도실상 해탈극락이요.

나 안에 유 삼매 무 삼매도 차조동시 쌍차쌍조 본차본조 현차현조 중도실상 해탈극락이요,

나 안에 유 해탈 무 해탈도 차조동시 쌍차

쌍조 본차본조 현차현조 중도실상 해탈극락이요.

나 안에 유 열반 무 열반도 차조동시 쌍차쌍조 본차본조 현차현조 중도실상 해탈극락이요.

나 안에 유 중도 무 중도도 차조동시 쌍차쌍조 본차본조 현차현조 중도실상 해탈극락이요.

나 안에 온 전체로 낱낱이 나로 다르지 않고 차조동시 쌍차쌍조 본차본조 현차현조 중도실상 해탈극락이요.

나 안에 낱낱이 온 전체로 나로 꼭 맞아 한결같아서 차조동시 쌍차쌍조 본차본조 현차현조 중도실상 해탈극락이요.

나 안에 세월 안이나 세월 밖에서나 내가 다로 지니고 이루고 열리고 드러나고 나투고 펼치고 세우고 응하고 쓰고 누리면서 온 창생 나로 영생영락의 여래요, 여래불인 참나 참등명 참법등명이며 본나본등명 본법등인 천상천하유아독존의 자등명법등명인 것이다.

나!

본 나로 본 나가 본 나로 태어나서, 본 나 세상에서 본 나 본 삶을 살다가, 본 나 본 고향 본집으로 돌아와 다시 본 나 본 법계에서 영원한 해탈극락을 누리는 것이 불멸의 나의 살림살이요, 나의 금강반야밀의 영원한 인생사인 진여실상의 실락원인 것이다.

나 자체의 바탕에서 나 자체로 동시에 온

전체로 나로 나투고 낱낱이 나로 거두니
생멸도 나로 나투고 거두고 동시요 해탈
이요.
유무도 나로 나투고 거두고 동시요 해탈
이요.
색공도 나로 나투고 거두고 동시요 해탈
이요.
온 법계도 나로 나투고 거두고 동시요 해
탈이요.
온 우주도 나로 나투고 거두고 동시요 해
탈이요.
온 세상도 나로 나투고 거두고 동시요 해
탈이요.
온 천하도 나로 나투고 거두고 동시요 해
탈이요.
온 만상도 나로 나투고 거두고 동시요 해
탈이요.
온 물물도 나로 나투고 거두고 동시요 해

탈이요.
온 영혼도 나로 나투고 거두고 동시요 해탈이요.
온 마음도 나로 나투고 거두고 동시요 해탈이요.
온 생각도 나로 나투고 거두고 동시요 해탈이요.
온 감정도 나로 나투고 거두고 동시요 해탈이요.
온 감성도 나로 나투고 거두고 동시요 해탈이요.
온 자성도 나로 나투고 거두고 동시요 해탈이요.
온 불성도 나로 나투고 거두고 동시요 해탈이요.
온 창생도 나로 나투고 거두고 동시요 해탈이요.
온 중생도 나로 나투고 거두고 동시요 해

탈이요.
온 부처도 나로 나투고 거두고 동시요 해탈이요.
온 성불도 나로 나투고 거두고 동시요 해탈이요.
온 본불도 나로 나투고 거두고 동시요 해탈이요.
이러히 다 나로 나투고 다 나로 거둠이 다르지 않아 한 바탕이니 해탈이요.
삼신불이 나로 한 바탕이니 해탈이요.
내가 삼신불로 한 바탕이니 해탈이요.
무량수불도 나로 한 바탕이니 해탈이요.
나도 한 바탕 무량수불이니 해탈이요.
온 전체로 낱낱이 나로 이러하니 해탈이요.
나로 온 전체로 낱낱이 이러하니 해탈이요.
낱낱이 온 전체로 나로 이러하니 해탈이요.
나로 낱낱이 온 전체로 이러하니 해탈이요.
내가 한 바탕으로 연기니 해탈이요.

연기가 한 바탕으로 나니 해탈이요.
내가 한바탕으로 중도니 해탈이요.
중도가 한바탕으로 나니 해탈이요.
내가 한바탕으로 공존이니 해탈이요.
공존이 한바탕으로 나니 해탈이라.
내가 실상이요 실상이 나니 해탈이요.
내가 진여요 진여가 나니 해탈이요.
내가 삼매요 삼매가 나니 해탈이요.
내가 해탈이요 해탈이 나니 해탈이요.
내가 정도요 정도가 나니 해탈이요.
내가 정법이요 정법이 나니 해탈이요.
내가 성불이요 성불이 나니 해탈이요.
내가 본불이요 본불이 나니 해탈이요.
내가 자불이요 자불이 나니 해탈이요.
내가 여래요 여래가 나니 해탈이요.
내가 본불이요 본불이 나니 해탈이요.
내가 금강이요 금강이 나니 해탈이요.
내가 반야바라밀이요

반야바라밀이 나니 해탈이라.
마하심경이 나 자체로 열려 해탈이어서
나 다 온 전체로 중심이니 해탈이요.
나 다 낱낱이 구심점이니 해탈이라.
일체가 나 다로 발현하니 해탈이요.
일체가 나 다로 실현하니 해탈이요.
일체가 나 다로 구현하니 해탈이요.
일체가 나 다로 완성하니 해탈이요.
일체가 나 다로 구경이니 해탈이요.
일체가 나 다로 해탈이니 진여요.
일체가 나 다로 열반이니 진여요.
일체가 나 다로 영생이니 진여요.
나 다 남음 없이 축복이니 진여요.
다 나 다함없이 행복이니 진여다.
항상 나 다 하하하 불멸의 금강이요.
항상 다 나 예예예 불멸의 바라밀이요.
항상 나 다 아라리오 불멸의 진리요.
항상 다 나 라라리오 불멸의 법이요.

항상 다 나 필릴리리 불멸의 여래요.
항상 다 나 릴릴리리 불멸의 진불이구나.

나!

나 다 금강반야바라밀이요 만고광명이요
다 나 금강반야바라밀이요 만고감로로 열려
나 바탕이다. 대기대용 항사묘용 호쾌대활
이다.
나 자체구나. 대기대용 항사묘용 호쾌대활
이다.
나 완성이구나. 대기대용 항사묘용 호쾌대
활이다.
나 실현이구나. 대기대용 항사묘용 호쾌대
활이다.
나 씀이구나. 대기대용 항사묘용 호쾌대활
이다.
나 누림이구나. 대기대용 항사묘용 호쾌

대활이다.
언제나 나 다 불멸의 진여실상이요.
언제나 나 다 불멸의 삼매해탈이요.
언제나 나 다 불멸의 본여열반이요.
언제나 나 다 불멸의 여여상생이요.
언제나 나 다 불멸의 중도공존이요.
언제나 나 다 불멸의 자성연기이요.
언제나 나 다 불멸의 불성법계이요.
언제나 나 다 불멸의 대기대용이요.
언제나 나 다 불멸의 항사묘용이요.
언제나 나 다 불멸의 전지전능이요.
언제나 나 다 불멸의 본지본능이요.
언제나 나 다 불멸의 본지풍광이요.
언제나 나 다 불멸의 호쾌대활이요.
언제나 나 다 불멸의 호호탕탕이요.
언제나 나 다 불멸의 차조동시요.
언제나 나 다 불멸의 쌍차쌍조요.
언제나 나 다 불멸의 전차전조요

언제나 나 다 불멸의 본차본조요.
언제나 나 다 불멸의 무한광명이요.
언제나 나 다 불멸의 무한감로요.
언제나 나 다 불멸의 무한보배요.
언제나 나 다 불멸의 무한보주요.
언제나 나 다 불멸의 무한보화요.
언제나 나 다 불멸의 무한영화요.
언제나 나 다 불멸의 무한경화요.
언제나 나 다 불멸의 무한경사요.
언제나 나 다 불멸의 무한길경이요.
언제나 나 다 불멸의 무한길상이요.
언제나 나 다 불멸의 무한광영이요.
언제나 나 다 불멸의 무한축복이요.
언제나 나 다 불멸의 무한행복이요.
언제나 나 다 불멸의 무한사랑이요.
언제나 나 다 불멸의 무한자비요.
언제나 나 다 불멸의 무한가피요.
언제나 나 다 불멸의 무한은혜요.

언제나 나 다 불멸의 무한복덕이요.
언제나 나 다 불멸의 무한공덕이요.
언제나 나 다 불멸의 무한가치요.
언제나 나 다 불멸의 무한보람이요.
언제나 나 다 불멸의 무한상락이요.
언제나 나 다 불멸의 무한성불이요.
언제나 나 다 불멸의 무한본불이요.
언제나 나 다 불멸의 무한본나요.
언제나 나 다 불멸의 무한창주요.
언제나 나 다 불멸의 무한창생이요.
언제나 나 다 불멸의 무한창조요.
언제나 나 다 불멸의 무한창세요.
언제나 나 다 불멸의 무한창의요.
언제나 나 다 불멸의 창락으로써
어디서나 다 나로 이러해서 금강이요.
어느 때나 다 나로 이러해서 반야요.
어느 것에나 다 나로 이러해서 바라밀이다.
누구나 다 나로 경이롭고 환희롭고 신령스럽

고 영령스럽고 찬란한 절대 영원 자체인 전지전능을 본지본능을 자지자능을 현지현능을 영지영능을 영성영각을 내외영각을 내외명철을 무한광휘를 무진찰찰 무진실락을 무궁무진 아름답게 성스럽게 거룩하게 지고지순하게 존귀하게 고귀하게 고준하게 찬란하게 무한 누리는 것이다.

나!

영원불변의 나 다로 상주상락하면서
영원불변의 나 다로 상락아정하면서
영원불변의 나 다로 영생영락누리니
영원불변의 다 나로 우담바라 난발하고
영원불변의 다 나로 마니보주 쏟아지니
영원불변의 다 나로 산과 물로 빚은 떡을 먹고
영원불변의 다 나로 해와 달로 우린 차를

마시며
영원불변의 다 나로 만 세상 만 봄을 보내구나.

나!

누구나 다 나로 위대함을 지니고
누구나 다 나로 존귀함을 지니고
누구나 다 나로 고귀함을 지니고
누구나 다 나로 고준함을 지니고
누구나 다 나로 거룩함을 지니고
누구나 다 나로 성스러움을 지니고
누구나 다 나로 지고지순함을 지니고
누구나 다 나로 여래지존을 지니고
누구나 다 나로 해탈극락을 지니고
누구나 다 나로 자주자락을 지니고
누구나 다 나로 본나본불을 누리구나.

나!

나 다 구족으로 해탈청정으로
다 나 완성자체로 극락순백으로
나 금강반야바라밀이구나.
나 다나.
다 나다구나.

나!.

황부 향 사르 올리고 큰절 올립니다.

나 다 금강시절

언제나 이러히 내가 참나로서
언제나 이러히 다로 열려서
언제나 이러히 세상을 살면서
언제나 이러히 낙을 누리니
언제나 이러히 진여요.
언제나 이러히 실상이요.
언제나 이러히 해탈이요.
언제나 이러히 극락이요.
언제나 이러히 영생이라.
누구나 이러히 달빛 속에 우담바라 난발하고
무엇이든 이러히 청풍 속에 마니보주 쏟아져
언제나 이러히 중생이 나 금강반야요.

언제나 이러히 여래가 나 바라밀이구나.

나!

항상 누린다.
나다 해와 달이 되어 해와 달을 띄우며
온 뜨락마다 붉은 꽃 흰 꽃 무진장 난발하고
다나 산과 물이 되어 산과 물을 펼치며
온 거리마다 산호열매 계수열매 끝없이 뿌리구나.
나 다 밥이 되어 온 천하 영원히 배불리고
다 나 물이 되어 온 창생 영원히 갈증 풀구나.
나 다나 청정무구하구나. 원만구족하구나.
다 나다 순백무구하구나. 원융무애하구나.
나 다나 순청무구하구나. 무애자재하구나.
다 나다 천진무구하구나. 자유자재하구나.

나 다나 상주상락하구나. 상락아정하구나.
다 나다 영생영락하구나. 성불본불하구나.

나!

참 주인이다.
참 진리다.
참 도다.
참 법이다.
참 법계다.
참 여래다.
참 부처다.
참 우리다.
참 모두다.
참 나 다 나구나!
참이다.
나!.

황부 합장.

본면목

유아는 유아 아니요.
무아는 무아 아니요.
유존은 유존 아니요.
무존은 무존 아니요.
유생은 유생 아니요.
무생은 무생 아니요.
유정은 유정 아니요.
무정은 무정 아닙니다.

필경 무엇입니까?

눈썹털을 펄럭이니 우담바라 난발하고
콧구멍을 벌렁이니 마니보주 쏟아집니다.

하!.

진면목

유심은 유심 아니요.
무심은 무심 아니요.
유념은 유념 아니요.
무념은 무념 아니요.
유견은 유견 아니요.
무견은 무견 아니요.
유각은 유각 아니요.
무각은 무각 아닙니다.

필경 무엇입니까?

산새는 지지배배 반야를 노래하고
물새는 비비배배 바라밀을 춤춥니다.

하!.

여면목

유상은 유상 아니요.
무상은 무상 아니요.
유색은 유색 아니요.
무색은 무색 아니요.
유공은 유공 아니요.
무공은 무공 아니요.
유염은 유염 아니요.
무염은 무염 아닙니다.

필경 무엇입니까?

고기 스스로 물이니 온 천하가 태평하고
새 스스로 숲이니 온 창생이 안락합니다.

하!..

의면목

유본은 유본 아니요.
무본은 무본 아니요.
유원은 유원 아니요.
무원은 무원 아니요.
유성은 유성 아니요.
무성은 무성 아니요.
유증은 유증 아니요.
무증은 무증 아닙니다.

필경 무엇입니까?

꽃은 스스로 피어 웃으며 달빛을 쏟아내고 풀은 스스로 푸르러 경건히 청풍을 떨칩니다.

하!.

정면목

유지는 유지 아니요.
무지는 무지 아니요.
유식은 유식 아니요.
무식은 무식 아니요.
유의는 유의 아니요.
무의는 무의 아니요.
유명은 유명 아니요.
무명은 무명 아닙니다.

필경 무엇입니까?

스스로 온 천하로 꽃비로 내려 진여요.
스스로 온 창생으로 마니보주로 쏟아져 실상입니다.

하!..

현면목

유통은 유통 아니요.
무통은 무통 아니요.
유도는 유도 아니요.
무도는 무도 아니요.
유법은 유법 아니요.
무법은 무법 아니요.
유불은 유불 아니요.
무불은 무불 아닙니다.

필경 무엇입니까?

청풍 속에 삼매를 즐기고
꽃비 속에 해탈을 누립니다.

하!.

온면목

유처는 유처 아니요.
무처는 무처 아니요.
유루는 유루 아니요.
무루는 무루 아니요.
유여는 유여 아니요.
무여는 무여 아니요.
유위는 유위 아니요.
무위는 무위 아닙니다.

필경 무엇입니까?

꽃을 심고 꽃을 심고 온갖 꽃 난발하고
열매 익고 열매 익고 온갖 열매 뿌립니다.

하!.

자면목

유자는 유자 아니요.
무자는 무자 아니요.
유체는 유체 아니요.
무체는 무체 아니요.
유용은 유용 아니요.
무용은 무용 아니요.
유실은 유실 아니요.
무실은 무실 아닙니다.

필경 무엇입니까?

해가 되어 온 천하가 성불로 노래하고
달이 되어 온 창생이 본불로 춤춥니다.

하!.

봉축

종이마다 우담바라 난발하고
글자마다 마니보주 굴러서
온 천하가 길이 길상 축복이요,
온 창생이 길이 길경 행복이라.
달빛 속에 청풍이 끝없이 불고
청풍 속에 달빛이 무진장 쏟아져
돌멩이마다 해와 달 토해 광명이요,
풀잎마다 산과 물 펼쳐 감로라
두꺼비는 뚜벅 뚜벅 뚜벅 진여를 펼치고
고슴도치는 고슴 고슴 고슴 실상을 굴리니
산새는 지지배배 금강반야를 노래하고
물새는 비비배배 여래바라밀을 춤추고
누구나 무엇이든 해탈극락 무진장 누립니다.

하!.

황부합장.

회향

아름다운 사람들이 진여로
아름다운 세상에서 실상으로
아름다운 삶을 살며 극락으로
아름다운 낙을 누리며 해탈로
아름다운 금강반야 길상이요
아름다운 반야바라밀 길경이라
아름다운 축복 온 천하 광명으로
아름다운 행복 온 창생 감로로
아름다운 청풍이 온 사랑으로
아름다운 달빛이 온 자비로
아름다운 꽃비가 온 경사로 내립니다.

황부합장.

다여

하하하 견성성불이요.
호호호 호쾌대활이요.
훨훨훨 원만구족이요.
활활활 전지전능이요.
둥둥둥 복혜구족이요.
징징징 해탈극락이요.
울울울 찰찰경사요.
웅웅웅 진여실상이요.
예예예 본나본불이요.
다다다 영생영락입니다.

황부합장.

누림

언제나 스스로 다 지니고
언제나 스스로 다 이루고
언제나 스스로 다 열고
언제나 스스로 다 드러내고
언제나 스스로 다 나투고
언제나 스스로 다 펼치고
언제나 스스로 다 세우고
언제나 스스로 다 응하고
언제나 스스로 다 쓰며
언제나 스스로 다 누리며
언제나 스스로 다 상주상락하며
언제나 스스로 다 상락아정하며
언제나 스스로 다 영원불멸합니다.
나다나!.

　　　　　　　황부합장.

황부(黃付) 영흥(永興)대선사

1947년 경북 울진군 울진면 연지리 101번지에서 태어난 스님은 21세에 망월사에서 춘성선사의 벽력같은 할에 언하대오(言下大悟)하고 24세에 자수용삼매(自受用三昧)를 증득했다.

1974년 백양사에서 서옹대종사를 은사 계사 법사로 수계 득도한 스님은 경봉, 전강, 벽초, 혜암, 향곡, 구산, 고암, 월산, 서암, 숭산스님등 당대의 선지식들을 참문하여 법거량을 했다.

스님은 출가 전 큰 깨달음이 3번 있었고, 출가 후 큰 깨달음이 3번 있었다. 깨달음은 똑같으나 더욱 분명하고 확실했다.

돈오점수를 넘어서 돈오돈수를 넘어서 본오본수를 넘어서 자오자수로 본지풍광을 활발하게 펼쳐 누린다.
스님은 제방선원 및 토굴 안거하면서 시절따라 정한 처소 없이 만행하면서 인연있는 수좌와 재가 수행자를 지도하며 전법에 매진하고 있다.
법명은 성명(性明), 법호는 후제(後濟)이고 부처님의 마정수기명은 황부(黃付), 영흥(永興)이다.

저서는 <해와 달을 띄우고 산과 물을 펼친다> <나> <참> <저마다 생명은, 삶은 아름답고 거룩하여라> <납승가> <해탈> <꼭> <나 바로 깨친다> <불조보록> <동방불조보록> <세상의 님에게 보내는 편지> <선시 물방울도 별이 되어 빛나다> <풀잎도 달이 되어 웃도다> <손가락에 걸린 달 천하를 비추다> <나는 해탈을 노래하고 그대는 극락을

춤추구나> <나 다 시절> <선명상록 본 여시절> <금강경찬> <본원경 달 찬> <자주자락가> <미륵시절> <고래가 만리 파도를 즐기구나> 등이 있다.
현재 우면산 서초란야에 상주함.

대중 법회

*BTN 불교방송 하안거 참선지도
 2010년 4월 ~ 6월 (매주 화. 목요일)
*BTN 일요초청 법회 및 각 불교단체 초청법회
*영어도서관 본불법회 참선지도
 2012년 12월 ~ 2013년 2월
 (1.3주 일요일, 매주 수요일)
*홍불선원 재일법회 참선지도
 2013년 5월 ~ 현재
*불교여성회관 참세상정법회 참선지도

2013년 11월 ~ 2019년 12월
(1.3주 일요일, 매주 수요일)

*참세상정법회 한강 야단법석(코로나)
2020년 1월 ~ 12월
(1.3주 일요일, 매주 수요일)

2023년 6월 ~ 현재
(1.3주 일요일, 매주 수요일)

나 금강반야바라밀

1판 1쇄 펴낸날 불기2568(2024)년7월 5일

지은이 황부 영흥대선사
펴낸이 문후

펴낸곳 문후
등록 제2021-000017호
주소 인천시 부평구 후정동로 50.(1동103호)
전화 010 3143 5789
이메일 moonhoo0602@naver.com

ISBN 979-11-975672-0-9 (03220)
정가 26,000원